대화의 신

대화의 신

How to Talk to Anyone, Anytime, Anywhere

래리 킹 지음 | 강서일 옮김

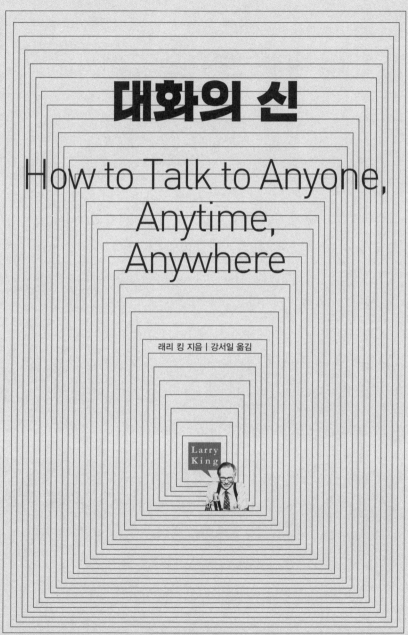

위즈덤하우스

누구라도 대화의 신이 될 수 있다

말하지 않고 사는 사람은 없다! 말을 잘하지 못하면서 인생에서 성공하기를 바랄 수는 더더욱 없다! 아무리 놀라운 발명품이나 최첨단 우주 장비가 개발된다 해도 성공은 가장 기본적인 곳에서 시작되기 마련이다.

인생에서의 성공도 마찬가지다. 당신이 대화에 자신이 없다면 성공으로 가는 길은 울퉁불퉁한 비포장도로로 바뀌게 된다.

테스트를 해보자. 당신이라면,

1) 영하 10도의 날씨에 맨발로 서 있겠는가?
2) 만찬 파티에서 생전 처음 보는 사람 곁에 앉아 말을 걸겠는가?

혹시 1번을 선택했더라도 실망하지는 마라. 왜냐하면 당신과 같은 생각을 가지고 있는 사람들이 생각보다 훨씬 많기 때문이다. 그리고 내가 이 책을 쓰는 이유가 바로 당신이 기쁜 마음으로 2번을 선택하도록 도움을 주기 위해서다.

나는 지난 50년 이상 말하는 것을 직업으로 삼아왔다. 그동안 수많은 명사들이 내 앞에서 그들의 진솔한 이야기를 털어놓았고, 그로 인해 나는 '토크계의 제왕', '대화의 신'이라 불리게 되었다. 라디오와 텔레비전 쇼에서, 미하일 고르바초프부터 마이클 조던까지 셀 수 없는 사람들과 대담을 나누었다. 또한 보안관에서 세일즈맨까지 많은 사람들을 상대로 정기적인 강연도 해왔다. 그리고 그런 과정을 통해 대화에 필요한 노하우를 축적할 수 있었다.

나는 지금부터 이 노하우를 당신에게 나누어주려고 한다. 그동안 내가 터득한 대화 비법을 익히고 나면 상대가 한 사람이든, 백 사람이든 간에 당신도 어느덧 대화를 즐길 수 있을 것이고, 나아가 대화의 신이 될 수 있다.

나는 대화하기를 즐기는 만큼, 사람들이 왜 말하기를 불편해하는지도 알고 있다. 사람들이 대화에 대해 갖는 두려움은 잘못된 것을 말하거나 옳은 것을 잘못된 방식으로 말하지는 않을까 하는 염려에서 온다. 어떤 작가는 이를 두고 "당신이 입을 열어 모든 의혹을 제거하기보다는, 차라리 침묵을 지키며 바보인 체하는 것이 낫다."라고 말한다. 낯선 사람에게 말을 걸거나 많은 사람 앞에서 말하는 경우, 그 공포는 더욱 커진다.

나는 이 책이 그러한 공포를 제거하는 데 도움이 되기를 바란다. 그동안 내가 배운 한 가지는, 우리가 올바른 태도만 가진다면 이 세상에 말을 건네지 못할 사람은 없다는 사실이다. 이 책을 읽고 난 다음, 당신은 어떠한 대화에도 자신감을 가지고 임할 수 있으며 전문가답게 당신의 메시지를 효과적으로 전달하는 방법도 익히게 될 것이다. 그러면 당신은 전보다 말을 더 잘하게 될 것이고, 대화가 두렵지 않고 오히려 그것을 즐기게 될 것이다.

이 책은 실생활에서의 다양한 말하기 사례들, 예를 들면 사촌의 결혼식이나 정장을 입어야 하는 만찬석상 또는 각종 모임에서의 연설 등을 포함하고 있다. 그동안 내가 방송국에서 수많은 초대 손님과 나눈 대담에서 당신이 배워야 할 것은 무엇인지, 그리고 당신에게 도움이 될 나의 조언을 어떻게 이용해야 하는지도 알려줄 생각이다. 이런 조언 가운데 몇 가지는 내가 직접 혹독한 체험을 통해 얻은 것이다.

대화란 인간의 의사소통 형태 중 가장 기본이며 우리가 동물과 구별되는 특징이기도 하다. 보통 사람들은 하루 평균 1만 8천 개 이상의 단어를 말한다고 추정하는데, 지독하게 과묵한 사람이 아닌 한 나는 그 수치를 전혀 의심하지 않는다. 물론 나의 경우에는 아마도 훨씬 더 많을 것이다. 우리 삶에서 말하기가 이토록 중요하다면 가능한 한 최고의 화자가 되어 성공으로 가는 길을 닦아야 하지 않겠는가?

이 책을 통하여 당신에게 전해주고 싶은 말을 딱 한 가지만 선택하라면, 그것은 '말하는 태도'다. 말하기는 귀찮은 일도 아니고 기분 나쁜 의무도 아니며 단순히 시간을 때우는 일은 더더욱 아니다.

말이란 인류 최고의 발명품이다. 우리는 말을 통하여 타인과 연결되고, 그것은 살아가면서 얻을 수 있는 몇 안 되는 즐거움 가운데 하나다. 따라서 언제 어디서나 대화할 일이 생기면 그것을 좋은 기회로 생각하기 바란다.

그리고 현재 화자로서 당신의 능력이 어느 정도이든, 다음 2가지는 꼭 명심하라.

1) 스스로 말을 잘하지 못한다고 생각해도, 당신은 잘할 수 있다.
2) 스스로 말을 잘한다고 생각해도, 지금보다 말을 더 잘할 수 있다.

자, 계속해서 말을 합시다!

래리 킹

CHAPTER 1

어떤 상대도 사로잡는 대화의 기본 원칙

CHAPTER 2

말 잘하는 사람들의 영리한 대화법

CHAPTER 3
낯선 사람도 두렵지 않은 대화법

CHAPTER 4
여럿이 있을 때 먹히는 대화법

CHAPTER 5
막힌 일도 쉽게 풀리는 결정적 대화법

CHAPTER 6
청중을 매료시키는 마성의 스피치

CHAPTER 1

어떤 상대도 사로잡는
대화의 기본 원칙

● 말, 잘하든 못하든 무조건 연습하라

골프나 자동차 운전, 또는 가게 운영처럼 말하기도 많이 하면 할수록 익숙해진다. 더 많이 해볼수록 더 잘하게 되고 재미를 느끼게 되는 것이다. 하지만 그러기 위해서는 먼저 가장 기본적인 몇 가지를 이해해야만 한다.

다행히 나는 말하기에서 어느 정도의 성공을 이루었고 운도 따랐다. 따라서 이 책을 읽으면서, '그는 말하기가 즐거울 거야. 그 일에 능숙하니까.'라고 생각하는 사람도 있을 것이다.

나의 경우엔 '말하기'의 재능을 어느 정도 타고난 것은 사실이지만, 아무리 타고난 재능을 지닌 사람이라도 그것을 계발하기 위한 노력은 필요한 법이다. 노력이야말로 자신의 재능을 실력으로 바꾸어주는 유일한 도구이기 때문이다.

내가 만난 야구 선수 중에서 가장 위대한 타자였고 누구보다도 천부적 재능을 가지고 태어난 축복받은 사나이, 테드 윌리엄스도 다른 사람과 똑같이 배팅 연습을 했다. 루치아노 파바로티는 경이로운 목소리를 가지고 태어났지만, 그 역시 성악 교습을 받았다.

나 또한 말하기에 타고난 재능이 있고, 말하기를 좋아한다. 그러나 나 역시 말이 쉽게 나오지 않는 경우도 수없이 겪었다.

● ● 열정과 간절함이 기회를 만든다

만일 당신이 파리로 둔갑해서 50여 년 전 마이애미비치 방송국 벽에 붙어 첫 방송을 하는 나를 목격할 수 있었다면, 당신은 내가 전문 방송인으로서 성공하기는커녕 형편없는 자질을 가진 사내라고 생각했을 것이다.

그 상황은 워싱턴가 1번지 근처 경찰서 건너편의 조그만 방송국 WHAR에서 일어났다. 나는 라디오 방송을 하는 꿈이 실현되기를 기대하면서 3주간이나 일자리도 없이 방송국 주변을 어슬렁거리고 있었다. 방송 책임자인 마샬 시몬즈는 "당신의 목소리는 아주 좋다.

하지만 빈자리가 없다."면서 어떤 일자리도 주지 않았다. 그러나 나는 포기하지 않았다. 시몬즈에게 라디오 방송에 대한 나의 열정을 털어놓고 기회를 잡을 때까지 기다릴 수 있다고 말했다. 결국, 다음에 빈자리가 나오면 나를 쓰겠다는 약속을 받아낼 수 있었다.

마이애미에는 잭 삼촌 부부가 그 방송국 근처의 작은 아파트에서 살고 있었는데, 브루클린을 떠나 마이애미로 올 때 확실한 것은 그것뿐이었다. 그때 나는 무일푼이었고 겨우 잠잘 곳만 마련한 셈이었다.

나는 매일 방송국에 나갔다. 방송 중인 디스크자키, 뉴스를 보도하는 뉴스 캐스터 그리고 스포츠 뉴스의 진행자들을 지켜보았다. 나는 난생 처음으로 여러 가지 뉴스들이 AP와 UPI를 타고 전달되는 것을 황홀하게 바라보곤 했다. 짤막한 기사를 직접 써보기도 했는데, 그때마다 내가 쓴 기사가 누군가에 의해 실제로 방송되는 날을 꿈꾸었다.

그렇게 3주차가 지난 어느 날, 갑자기 디제이가 그만두었다. 마샬은 금요일에 나를 그의 사무실로 불러서, 월요일 아침 9시부터 시작하는 일을 맡으라고 했다. 주급 55달러짜리였다. 월요일부터 금요일까지 아침 9시에서 정오까지, 그리고 오후에는 5시 퇴근 시간까지 가끔 뉴스와 스포츠를 방송하는 것이었다.

마침내 꿈이 이루어졌다! 라디오에 나가게 된 것만이 아니었다.

매일 아침 3시간짜리 고정 프로그램을 맡은 데다 오후에도 또 다른 프로에 대여섯 번 출연했다. CBS의 슈퍼스타인 아더 가드프레이만큼 자주 방송을 하게 된 것이다.

그 주말 나는 한숨도 잘 수 없었다. 방송에 나가서 할 말을 준비하고 끊임없이 연습했다. 방송 첫날 아침 8시 30분이 되었을 때 나는 거의 탈진 상태였다. 잔뜩 긴장을 했던 터라 입안이 바짝 말라붙어서 커피와 물만 계속 마셔댔다. 나는 스튜디오에 들어가 시그널 음악인 엘가트의 '스윙잉 다운 더 래인Swingin' Down the Lane'이 실린 판을 턴테이블에 올릴 준비를 했다. 방송 시간이 가까워지면서 긴장과 초조함은 더욱 심해졌다.

그때 마샬 시몬즈가 행운을 빌어주기 위해 나를 그의 사무실로 불렀다. 내가 고맙다고 인사하자, 그는 느닷없이 "그런데 당신 이름은 뭘로 할 거야?"라고 물었다.

내가 무슨 말인지 모르겠다고 대답하자 그가 다시 말했다.

"음, 래리 자이거Larry Zeiger라는 이름은 쓸 수 없어. 그건 너무 특이해. 사람들은 그 이름을 제대로 발음하지도 못할 테고 기억할 수도 없을 거야."

그는 마침 책상 위에 〈마이애미 헤럴드〉를 펼쳐 놓고 있었는데, 거기에는 킹King주류 도매회사의 전면 광고가 실려 있었다. 마샬의 시선이 광고에 멈췄다. 그러곤 그가 짤막하게 물었다.

"래리 킹이 어때?"

"좋아요."

"좋아, 그럼 이제부터 그게 자네 이름이야! 래리 킹. 그리고 〈더 래리 킹 쇼The Larry King Show〉의 진행자가 되는 거고."

그렇게 해서 나는 새로운 직업, 새로운 쇼, 새로운 주제가, 새로운 이름까지 얻게 되었다. 9시, 마침내 뉴스가 나갈 시간이 되었다. 스튜디오에 들어가서 '스윙잉 다운 더 래인'을 턴테이블 위에 올려놓고, 세상을 향해 첫 번째 〈래리 킹 쇼〉를 내보낼 준비를 했다. 하지만 긴장 때문에 입속은 사막처럼 말라붙고 혀는 굳어 있었다.

작은 방송국에선 으레 그렇듯이 아나운서가 엔지니어의 역할을 해야 한다. 나는 시그널 음악을 틀었다. 음악이 흘러나왔고 멘트를 내보내기 위해 볼륨을 줄였다. 여기까지는 제대로 한 셈이었다. 하지만 그다음이 문제였다. 입이 떨어지지 않았다. 나는 다시 볼륨을 높였다가 잠시 후 다시 낮추었다. 그러나 내 입에서는 여전히 한마디의 말도 나오지 않았다. 이런 일이 세 번이나 반복되었다. 그 순간 청취자들이 들을 수 있었던 것은 음악의 볼륨이 커졌다 작아졌다 하는 소리뿐이었다.

나는 지금도 그때 속으로 생각했던 것들을 생생하게 기억한다. '내가 잘못 생각했어. 난 기껏 동네 길거리에서 떠들어댈 수 있었을 뿐, 이런 일을 전문적으로 해낼 수 있는 능력은 없어.'

이 일을 사랑하지만 그럴 능력이 없다는 자조적인 기분에 사로잡혀 되뇌고만 있었다. 내 생각에 나는 그 일을 감당할 배짱도 없었던 것이다.

마침내 내게 그토록 엄청난 기회를 배려해준 마샬 시몬즈가 폭발했다. 그는 조정실 문을 발로 차고 들어와 크고 똑똑하게, "이것은 말로 하는 사업이야!"라고 나에게 소리쳤다. 그러고는 돌아서서 문을 쾅 닫고 나가버렸다.

그 순간 나는 마이크 앞으로 몸을 기울이면서, 방송 캐스터로서 첫마디를 토해낼 수 있었다.

"안녕하십니까. 오늘은 저의 방송 첫날입니다. 방송 15분 전에 저는 새 이름을 받았고 주제 음악을 줄곧 준비하고 있었습니다. 그런데 저는 초조해서 입안이 자꾸 말라붙었습니다. 방금 전에는 총국장이 문을 박차고 들어와 '이것은 말하는 사업이야!'라고 소리쳤습니다."

일단 말문이 터지자 약간의 자신감이 생겨서 그런대로 방송을 진행할 수 있었다. 그 쇼의 나머지 방송은 괜찮았다. 이것이 나의 말하는 직업의 첫 시작이었다. 그 이후로 라디오에서 긴장하는 법은 결코 없었다.

● 솔직함은 소통을 위한 최고의 무기

마이애미비치의 그날 아침 일로 나는 말하기에 대하여 많은 것을 배웠다. '방송을 하거나 하지 않거나, 언제나 솔직해야 한다.'는 것이었다. 방송에서든 다른 어떤 상황에서든 말을 할 때 잘못이 있을 수 있다. 그러나 솔직하게 말하면 결코 잘못된 방향으로 나가게 되지는 않는다. 아더 가드프레이 역시 방송인으로 성공하는 비결에 대하여 나에게 같은 말을 한 적이 있다. "청취자와 시청자들에게 당신의 경험과 감정을 그대로 전달하면 된다."는 것이다.

마이애미에서 텔레비전 대담 프로의 사회자로 처음 데뷔하였을 때도, 라디오의 첫 방송 때와 비슷한 경험을 했다. 평생 동안 방송 중에 긴장한 경우는 딱 두 번 있었는데, 라디오 방송 첫날이 그 한 번이고 이때가 두 번째였다.

그때까지 나는 TV에 출연했던 경험이 한 번도 없었다. 프로듀서는 나를 등받이 없는 회전의자에 앉게 했는데 그것이 실수였다. 나는 초조한 나머지 상반신을 계속 앞뒤로 흔들었고, 시청자들은 불안스럽게 몸을 흔들어대는 모습을 보아야 했다.

그 순간 방송은 재미있어야 한다는 생각이 떠올랐다. 그때부터 나는 거의 본능에 따라 움직였다. 우선 시청자들이 현재 나의 입장을 이해하도록 만들어야 했다. 시청자들에게 나는 지금 초조하다고 말했다. 그리고 지난 3년 동안 라디오 방송을 했지만 TV는 오늘이 처음이고 누군가 이 불편한 등받이 없는 회전의자에 나를 앉혀 놓았다고 말했다.

그러자 모든 사람들이 그 상황을 이해하게 되었고 나는 더 이상 긴장하지 않았다. 나는 말을 더 잘할 수 있었고, 그날 밤 TV 첫 방송을 성공적으로 마쳤다. 모든 것이 시청자들에게 솔직했던 까닭이다.

최근에 어떤 사람이 나에게 물었다.

"당신이 NBC 방송국의 복도를 걸어가고 있는데 누군가 당신의 팔을 붙잡아 스튜디오 의자에 앉히고 서류 몇 장을 건네주며 '지금 앵커가 아파, 당신이 대신 방송 좀 해줘야겠어.'라며 방송 시작을 알리는 불이 들어온다면 당신은 어떻게 하겠는가?"

내 대답은 그 모든 사정을 솔직하게 밝히겠노라는 것이었다. 카메라를 똑바로 보고 이렇게 말하겠다고 했다.

"내가 여기 NBC 방송국을 걸어가고 있는데 누군가 나를 붙잡고 이 서류들을 건네주며 '지금 앵커가 아파, 당신이 방송 좀 해줘야겠어.'라고 하더군요."

그러면 모든 시청자들은 내가 뉴스를 해본 경험이 전혀 없고, 지금 무엇이 어떻게 돌아가는지도 모르고 그저 생소한 것들을 읽고 있으며, 어떤 카메라를 쳐다봐야 할지도 모른다는 사실을 즉각 알게 된다. 이로써 시청자와 내가 같은 배를 타게 된 것이며, 우리는 함께 이 상황을 헤쳐 나갈 것이다. 시청자들은 내가 솔직하다는 사실을 깨닫게 되고, 내 나름대로 최선을 다하고 있다는 점을 인정하고 이해하게 된다.

그렇게 함으로써 현재 하고 있는 일뿐만 아니라 처해 있는 딜레마까지도 시청자들에게 효과적으로 전달하면서, 그들을 기만하려 했던 것보다 훨씬 더 나은 상태를 유지할 수 있다. 반대로 내가 세상의 꼭대기에 서 있고 모든 것이 완벽하며 시청자들에게 이러한 것을 제대로 전달할 수 있는 경우라도, 역시 솔직해야 한다는 것은 마찬가지다.

말을 잘 전달하기 위해서는 듣는 사람들로 하여금 나의 경험을 함께 공유하도록 해야 하는 것이다.

●
● 진실된 태도로 상대방의 마음부터 열어라

말을 잘하기 위해 필요한 또 다른 기본적인 요소는 올바른 태도다. 처음에는 말하기가 어려운 자리일지라도, 끝까지 말을 하겠다는 의지가 있어야 한다. 마이애미 라디오 방송에서 말도 안 되는 실수를 저지른 뒤, 나는 그런 태도를 갖추게 됐다. 가까스로 '마이크 공포증'에서 벗어난 후, 다음과 같은 2가지 방침을 세우고 그에 따라 행동하리라고 스스로 다짐했다.

첫째, 언제 어느 때나 말을 계속하겠다.
둘째, 열심히 노력하여 말하는 능력을 향상시키겠다.

이것을 실천하기 위해 나는 말로 하는 일이라면 가리지 않았다. 아침 방송 진행, 일기예보, 스포츠 리포터, 비즈니스 리포터, 뉴스 앵커, 때로는 강연까지 모든 일을 다 했다. 만일 누군가가 아파서 결근을 하거나 하루 쉬기를 원할 때, 나는 밤낮을 가리지 않고 그 일을 자청했다. 방송할 수 있는 모든 기회는 다 잡았다. 목적은 방송이었고 방송에서 성공하는 것이었다. 테드 윌리엄스가 타격연습이 필요할 때 열심히 방망이를 휘둘렀던 것처럼, 나 역시 그래야 한다고 스스로 다짐했다. 언제나 별도의 연습을 했다.

이런 연습은 당신도 쉽게 할 수 있다. 말하는 방법에 관한 비디오나 책을 참고하는 등 혼자 해볼 수 있는 것도 많이 있다. 집이나 아파트 근처에서 큰 소리로 말할 수도 있다. 자주는 아니지만 나도 가끔 그랬다. 혼자 살기 때문에 때로는 즉흥적으로 떠오르는 몇 마디를 해보거나, 다음 강연이나 쇼에서 해야 할 말들을 연습하기도 했다. 주위에 아무도 없으니 창피할 까닭도 없다. 설사 혼자 살지 않더라도 이와 같은 일은 할 수 있다. 홀로 방으로 들어가거나 지하실로 가도 되고 또는 운전하는 시간을 이용할 수도 있다. 말을 잘하기 위한 연습을 하려고만 한다면 방법은 얼마든지 있다.

거울 앞에 서서 연습할 수도 있다. 특히 이것은 모든 사람들이 대중 연설가로서 자신의 능력을 향상시키는 일반적인 방법이다. 이 방법은 일상적인 대화에서도 도움이 된다. 거울에 비친 자신의 모습, 자신의 얼굴을 자연스럽게 쳐다보기 때문에 사람들과 말할 때 시선을 맞추는 좋은 훈련이 될 것이다.

다음의 방법은 조금 이상하게 들리겠지만 정신병원에 신고하지는 마시라. 집에 있는 강아지나 고양이, 새나 금붕어와 같은 애완동물을 상대로 말을 연습하는 것이다. 애완동물에게 말하기는 매우 훌륭한 연습 방법이다. 물론 말이 중간에 잘릴까봐 걱정할 필요도 없다.

이러한 적극적인 노력 이외에도, 좋은 말솜씨를 갖추기 위해서는 적어도 다음 2가지 요소가 더 필요하다. 하나는 타인에 대한 진정한 관심이고, 다른 하나는 그들에게 당신 자신을 개방하는 것이다.

CNN의 저녁 토크쇼 시청자들은 내가 초대 손님들에게 관심과 흥미가 많다는 것을 확실하게 느꼈을 것이다. 나는 가능한 한 상대방의 눈을 똑바로 쳐다보고 말하려 했다(많은 사람들이 시선 맞추기에 실패하여 대화에서 성공하지 못한다. 이 문제에 대해서는 뒤에서 따로 말하겠다). 그리고 의자를 당기고 몸을 앞으로 숙여 그들과의 거리를 좁힌 상태에서 질문을 시작했다.

나는 내 쇼에 출연하는 모든 사람들을 존중한다. 대통령과 명예의 전당에 오른 야구 선수들부터 커밋 개구리나 피기 인형까지 모든 출연자를 존중하는 마음을 갖고 있다. 만일 출연자의 말에 관심이 없거나 존중하지 않으면 그들과 성공적으로 대화를 나눌 길은 없다. 언젠가 배우 겸 방송인인 윌 로저스가 했던 말을 기억한다.

"사람들은 모두 무지하다. 다만 그 무지한 분야가 서로 다를 뿐이다."

길거리에서 만난 사람과 대화를 하는 경우든 1천만 명의 시청자들이 지켜보는 가운데 TV 쇼의 게스트와 이야기를 하는 경우든 이 말은 기억해둘 만한 가치가 있다. 다시 말하면, 모든 사람은 어떤 일에 관해서는 전문가라는 사실이다. 누구에게나 적어도 한 가지는 말하고 싶어 하는 주제를 가지고 있다.

항상 그런 전문성을 존중하라. 당신이 존중하고 있는지 아닌지 사람들은 바로 느낀다. 그들은 자신이 존중받는다고 느낄 때, 당신의 말을 더 주의 깊게 들을 것이다. 그렇지 않으면 당신이 무슨 말을 하든, 그들 역시 당신의 말을 무시하려 들 것이고 대화는 실패로 끝나게 된다.

성공 공식의 나머지 하나는, 당신 자신에 대한 개방적인 태도다. 방송 첫날 아침에 드러났던 심각한 마이크 공포증에 대하여 내가 솔직했던 것처럼, 말하는 동안 자신을 드러내야 한다. '다른 사람이 자신에게 해주기를 바라는 만큼 다른 사람에게도 그만큼 베풀라.'는 황금률은 대화에서도 똑같이 적용된다. 당신이 상대방에게 요구하는 것처럼 자신도 상대방에게 마음을 열고 솔직해져야 한다.

그렇다고 언제나 당신 자신에 대해서만 말하거나 개인적인 비밀을 털어놓으라는 뜻은 아니다. 사실은 그 반대다. 이웃 사람을 만났을 때 그가 자신의 담석증에 대해서만 떠벌리면 재미있을까? 직장 동료가 자신의 장모와 주말을 어떻게 보냈는지에 대해 이야기하면 오래 대화를 나누고 싶어질까? 아마 아닐 것이다. 그러니 그러한 것들은 대화 소재로 삼지 마라.

어떤 사람을 만났을 때 그에 대해 궁금하거나 알고 싶은 것들이 있을 것이다. 상대방도 마찬가지로 당신에게 그것을 원한다. 당신은 그런 부분들을 기꺼이 풀어놓아야 한다. 당신이 지나온 길은 어떠하며, 당신이 싫어하고 좋아하는 것은 무엇인지를 말해주는 것이 대화의 '기브 앤 테이크'이다. 그것은 우리가 서로를 조금씩 알아가는 방식이기도 하다.

방송 진행자 가운데 초대 손님에게 자신을 먼저 개방하는 레지스 필빈과 케시 리는 그 좋은 본보기다. 그들은 편안하고 자연스럽게 상대에게 다가가 자신의 취향을 밝히거나 자신에 관해 이야기하는 것을 꺼려하지 않았다. 자신을 대화의 초점으로 만들지 않으면서도, 여전히 개인적 화제를 이어갈 수 있는 것이다. 그들은 또한 일부러 꾸미지 않았다. 자신이나 초대 손님의 이야기 중에 슬퍼지거나 다른 감정이 복받칠 때, 그런 느낌을 그대로 드러내는 것을 부끄럽게 여기지도 않았다. 레지스와 케시 리는 슬플 때 슬픔을 표시하고 두려울 때 두려움을 표시하는 일이 잘못이 아니라는 사실을 알고 있었다.

나와 몇 분만 얘기해본 사람이라면 누구나 나에 관하여 적어도 2가지 사실, 즉 내가 브루클린 출신이며 유태인임을 알게 된다. 만나는 모든 이들에게 나의 바탕이나 경력을 스스로 털어놓기 때문이다. 그것은 나의 내면의 일부이다. 나는 유태인이며 브루클린 출신이라는 것이 자랑스럽다. 그래서 대화의 많은 부분이 나의 배경에 관한 것들이고, 나는 그런 것들을 사람들과 말하길 좋아한다.

만일 내가 말더듬이라면, 대화를 나눌 사람에게 그 사실을 말할 것이다.

"마, 만나게 되어 바, 반갑습니다. 제, 제 이름은 래리 킹입니다. 마, 말은 더듬지만, 이렇게 얘기하게 되어 기, 기쁩니다."

이렇게 솔직하게 말함으로써 당신의 처지는 공개되었다. 상대방이 금방 알아차릴 자신의 상황을 이미 공개하였으므로, 이제 다른 사람과 얘기하는 것을 두려워할 필요가 없으며 가식 또한 필요 없다. 대화는 자유로운 분위기에서 이루어질 것이며 두 사람 모두 대화를 한층 더 즐길 수 있다. 비록 그것이 당신이 말을 더듬는 것을 고쳐주지는 못하겠지만, 상대방의 존중을 받으면서 하고 싶은 말을 하는 데는 도움이 된다.

말을 더듬는 컨트리 가수인 멜 탤리스가 이런 식으로 접근하는 사람이었다. 그는 가수로서 크게 성공했으며, 비록 말은 더듬지만 인터뷰의 초대 손님으로 확실한 매력을 지니고 있었다. 그의 말더듬증은 노래할 때는 드러나지 않지만 말할 때 나타났다. 하지만 그는 곤란해하기는커녕 그것을 정면으로 드러내어 농담을 하고 자기 스스로가 완전히 편한 상태가 되기 때문에 상대방 역시 편안하게 해주었다.

플로리다에서 TV 쇼를 하던 시절에, 선천적으로 구개파열증을 지니고 태어나 말을 알아듣기가 어려운 출연자가 있었다. 그러나 그는 기꺼이 쇼에 출연하여 자신에 대해 얘기했다. 그런 장애인에 대한 흔한 선입견에도 불구하고, 그는 엄청난 부자였다.

그는 무엇으로 백만장자가 되었을까? 놀라지 마시라! 그는 세일즈맨이었다. 누구에게나 가식 없이 말을 했고 자신의 '발음이 이상하다'는 명백한 사실을 숨기려 들지 않았다. 그는 자신의 어쩔 수 없는 처지를 받아들였고 다른 사람도 그렇게 하도록 함으로써 성공했던 것이다.

상대방에게 진정한 관심을 가져라

가능한 한 상대방의 눈을 똑바로 쳐다보며 말하고, 진심으로 그들을 존중하라. 만일 앞에 앉은 사람의 말에 관심이 없거나 존중하지 않으면 그와 성공적으로 대화를 나눌 생각은 버려야 한다.

당신 자신에 대해 개방하라

말하는 동안 자신을 드러내야 한다. 당신이 지나온 길은 어떠하며, 당신이 싫어하고 좋아하는 것은 무엇인지를 말해주는 것이 대화의 기본 태도이자, 서로를 조금씩 알아가는 방식이다. 말을 잘 전달하기 위해서는 듣는 사람들로 하여금 나의 경험을 함께 공유하도록 해야 한다.

말하기는 하면 할수록 잘하게 되어 있다

말은 많이 해볼수록 더 잘하게 되고 재미를 느끼게 된다. 말하는 방법에 관해 책을 보고 공부할 수도 있고, 방이나 차 안에서 혼자 말하기를 연습할 수도 있다. 말을 잘하기 위한 연습을 하려고만 한다면 방법은 얼마든지 있다.

CHAPTER 2

말 잘하는 사람들의
영리한 대화법

● 최고의 화자들만 아는 8가지 말하기 습관

대부분의 성공한 사람들은 말을 잘한다. 거꾸로 말하면, 말 잘하는 사람이 성공한다는 것이다. 이것은 놀랄 일도 아니다. 만일 당신이 말 잘하는 능력을 개발한다면(분명 개발할 수 있다), 당신은 성공할 수 있단 뜻이다. 당신이 이미 성공한 사람이라면, 더 나은 화자가 됨으로써 더 큰 성공을 이룰 수 있다.

자기 자신을 표현할 수 없는 사람도 성공할 수 있냐고? 난 그런 사람을 한 번도 보지 못했다. 어쩌면 성공한 사람들도 사적인 대화에 서툴거나 대중 앞에서는 말을 잘 못할 수도 있다. 하지만 꼭 필요한 자리에서 그들은 아주 말을 잘하여 성공을 쟁취하거나 때로는 위대해지기까지 한다.

해리 트루먼을 위대한 웅변가로 부르는 사람은 없지만, 많은 사람들이 그를 위대한 대통령이라고 부른다. 그 이유는 그가 정치적 협상에서는 뛰어난 사람이었기 때문이다. 비록 매혹적인 연사는 아니었지만, 그는 자신을 정확히 표현할 줄 아는 탁월한 커뮤니케이터였다. 그는 자신의 이상을 화려한 수사법 대신 단순하고 명료한 언어로 표현했다. 트루먼의 "그 책임은 내게 있다The buck stops here."라는 단순한 구절보다 대통령의 임무를 더 잘 요약한 말은 없다. 이 한마디는 그의 뛰어난 화술을 보여준다. 트루먼처럼 린든 존슨도 평범한 화자였지만, 의원 휴게실에서 상대의 옷깃을 잡으면서 얘기하는 동안만은 최고였다.

마틴 루터 킹 목사는 트루먼이나 존슨과는 정반대적인 측면에서 성공적이었다. 그는 무대 위에서 마이크에 말을 쏟아 놓는 비범한 능력으로 온 나라를 뒤흔들 수 있는 매혹적인 대중 연설가였다.

대중 연설에 대해서는 이 책의 뒤에서 좀 더 언급하겠다. 우리들 대부분의 최대 관심은 대중 연설보다는 매일매일의 일상적인 대화, 그것이 사교적이든, 직업적인 대화든 그것을 어떻게 하면 효과적으로 하는가에 있을 것이다. 지금까지 방송 중이나 그렇지 않을 때 만난 모든 사람들을 회고해보면, 말 잘하는 사람들은 다음과 같은 8가지 말하기 습관을 지니고 있었다.

1) 익숙한 주제라도 '새로운 시각'을 가지고 사물을 다른 관점에서 바라본다.

2) '폭 넓은 시야'를 가지고 일상의 다양한 논점과 경험에 대해 생각하고 말한다.

3) 열정적으로 자신의 일을 설명한다.

4) 언제나 '자기 자신'에 대해서만 말하려 하지 않는다.

5) 호기심이 많아서 좀 더 알고 싶은 일에 대해서는 '왜?'라는 질문을 던진다.

6) 상대에게 공감을 나타내고 상대의 입장이 되어 말할 줄 안다.

7) 유머 감각이 있어 자신에 대한 농담도 꺼려하지 않는다.

8) 말하는 데 '자기만의 스타일'이 있다.

● 색다른 관점과 통찰력을 드러내라

첫 번째 특징은 말 잘하는 사람들에게 가장 빈번하게 나타나는 요소다. 프랭크 시나트라가 그 좋은 본보기다. 그는 언제나 만찬을 빛내는 게스트였는데, 모든 일에 관심을 나타냈다. 그와 그의 직업에 대해 이야기할 때면, 그가 스타이기 때문이 아니라 음악에 대한 그의 심오한 지식 때문에 매료되었다. 그는 자신의 일에 대하여 많은 생각을 하고 있기 때문에, 기대 밖의 새로운 통찰력을 보여주었다.

어느 날 밤, 캘리포니아에서 어빙 벌린을 기리는 사적인 만찬에서 나는 그의 옆에 앉아 있었다. 식사가 끝난 뒤, 그는 벌린의 명곡 중 하나를 불러달라는 요청을 받았다. 내 연배나 나보다 나이 많은 사람들은 그 노래를 부드럽고 달콤한 사랑 노래로 연인에게 바치는 낭만적인 찬송으로 기억하고 있었다. 그러나 프랭크는 날 놀라게 했다.

"전 이 노래를 자주 부르곤 했죠. 언제나 부드러운 발라드로 불렀어요. 그러나 오늘 밤에는 조금 다른 기분으로 해보죠. 왠지 아세요? 사실은 아주 가슴 아픈 노래랍니다."

난 잠시 생각에 빠졌고, 우리들은 곧 그 노래 가사를 암송하기 시작했다. 프랭크가 말했다.

"지금 이 사나이는 화가 나 있습니다. 그래서 오늘 밤에는 다른 스타일로 불러보죠."

프랭크 시나트라는 노래를 잘할 뿐 아니라 곡 해석에도 탁월함을 보여줬다. 그는 이처럼 친숙한 노래에도 다른 가수가 생각하지 못했던 새로운 시각을 보여줌으로써 대화를 빛나게 했다. 그 이후 나는 늘 프랭크가 말했던 식으로 그 노래를 들었다. 그가 뛰어난 화자인 것은 바로 이런 까닭이다.

● 다양한 경험과 시각은 훌륭한 이야기가 된다

마리오 쿠오모는 만찬 자리의 즐거운 동료이지만, 그의 아들인 앤드루 역시 아주 재미있다. 그들은 대를 이어 뉴욕 주지사로 일해왔다. 앤드루 쿠오모는 클린턴 행정부에서 주택 및 도시 개발을 담당하는 서기관보로 일했다. 그는 촉망받는 변호사로서 사무소를 개업하고 많은 경력을 쌓아 나가던 중 그 일을 그만두었다. 그 후 워싱턴으로 옮긴 뒤 행정부에 참여하여 공공 정책 분야에서 많은 일을 하였다. 그는 인품도 훌륭한 데다가 아주 세련된 인물이다. 데일 카네기식으로 말하면 '스스로 관심을 끌 뿐 아니라 남에게도 관심을 갖는' 사람이었다.

나는 마리오 쿠오모와 전화하면서, 내가 워싱턴에서 가끔 앤드루를 만날 때마다 그와 얘기하는 것이 무척 즐겁고 그가 얼마나 원만한 젊은이인가를 알았다고 했다. 그때 쿠오모 지사는 그런 의견에 동의하면서 그 이유를 이렇게 말했다. 거기에는 그럴 만한 이유가 있고, 앤드루는 영민해서 주위의 모든 이점을 충분히 활용하여 자기 것으로 만들 줄 안다고 했다.

쿠오모 주지사는 "앤드루가 서른 살이 될 때까지, 양쪽 조부모 네 분이 생존하셨죠."라고 말했다.

앤드루는 그의 조부모님들에게 언제나 친절했으며 사려 깊었다고 했다. 또한 그는 조부모님들과 얘기를 나누면서 여러 가지 질문을 했고 그분들의 경험담을 들었다. 20세기 초 이탈리아의 지방에서 태어난 조부모는 사람들이 말이나 마차로 여행했고 전깃불과 라디오도 없었던 시절을 살았다. 가족과 이웃들에게는 당시 학교에서 처음 받은 성적표가 잊을 수 없는 사건이었을 뿐 아니라, 마을 밖의 소식은 입에서 입으로 전해지던 그런 시절이었다.

하지만 단지 이것 때문에 앤드루 쿠오모가 옛날의 시골 생활에 대한 소식통이 되었다거나, 이탈리아에 관한 화제가 나올 때마다 매력 있는 게스트가 된 것은 아니다. 여기에서 중요한 점은 앤드루가 주위 사람들의 말을 들으면서 성장했고 지금까지도 그러하다는 것이다. 그 결과, 그가 배운 다양한 주제 덕분에 이제 전 방위적인 화자가 되었고, 남의 말을 경청하는 습관 때문에 사람들은 그와 대화하기를 좋아한다는 것이다.

마리오 쿠오모가 이 점을 지적했을 때, 나는 '여행을 통해서 당신의 시야를 넓힐 수 있다. 하지만 당신이 호기심을 가지고 다른 사람의 말을 경청한다면, 집을 떠나지 않고서도 시야를 넓힐 수 있다.'는 속담이 생각났다. 앤드루처럼 우리 모두에게도 조부모님이 계신다. 그들이 앤드루 조부모님만큼 장수하지는 못할지라도, 어떤 분은 80세나 90세까지 사시고, 100세가 넘으신 분도 계신다. 우리가 알지 못하는 사이에 그분들로부터 얻은 정보나 이야기 그리고 어떤 생각들이 우리에게 배어 있을 것이다.

나의 아버지가 돌아가신 후, 어머니는 브루클린의 작은 아파트에서 생활할 수 있는 돈을 버셨고 그동안 우리를 돌봐줄 할머니 한 분을 구해주셨다. 그 할머니는 80대였는데, 자신의 아버지가 남북전쟁 때 동맹군으로 싸웠다고 했다. 그리고 자신이 어렸을 때, 에이브러햄 링컨 대통령을 실제로 보았다고 했다. 나는 그 할머니와 많은 대화를 나눌 수 있었다.

그래서 어떤 의미에서는, 브루클린에서 보낸 나의 어린 시절은 미국 역사의 또 다른 시대를 들여다볼 수 있는 창구였다. 당신도 당신의 연장자로부터 비슷한 지식을 쌓았을 것이다. 그리하여 언젠가 의료보험, 조부모, 스승, 마차, 남북전쟁에 관한 얘기가 나왔을 때 이런 지식들이 적절히 쓰일 것이다.

결국 이 이야기의 교훈은 이것이다. 조부모님이나 나이 드신 분들을 기억하고, 어렸을 때 그들과 함께 보낸 당신의 경험이나 그분들의 말씀과 인생에 대한 통찰력을 기억해보라. 당신과 다른 환경에서 살아온 그분들이 당신의 대화 레퍼토리를 더욱 풍부하게 해줄 것이며 당신의 사고의 폭을 넓혀줄 것이다.

● 내가 좋아하는 소재로 대화하라

내가 방송계에서 이만큼 성공한 것은 시청자들이 내가 이 일을 얼마나 좋아하는지 알고 있기 때문이라고 생각한다. 그것은 속일 수 없는 일이고, 설사 속이려 해도 실패했을 것이다. 당신도 자신이 하는 일을 정말 좋아하고 그 열정을 상대방에게 전달할 수 있다면, 성공의 기회는 그만큼 커질 것이다. 나는 클린턴 대통령과 토미 라소다까지 성공한 사람들의 다양한 열정을 보아왔다.

LA 다저스의 감독이었던 라소다는 1981년 내셔널리그 플레이오프(챔피언 결정전)에서 휴스턴에게 대패한 후에 나의 라디오 프로그램에 출연했다. 그의 활달한 행동이나 열정 때문에 우리는 그가 패배한 감독이라고는 도저히 생각할 수 없었다. 어떻게 그처럼 활기찰 수 있느냐는 질문에, 그는 "내 생애 최고의 날은 우리 팀이 이겼을 때고 내 생애 두 번째 최고의 날은 우리 팀이 졌을 때죠."라고 말했다.

클린턴 대통령도 내가 그의 취임 1주년을 맞아 백악관에서 인터뷰했을 때, '대통령이란 무엇인가'에 대해 라소다 감독과 거의 같은 말을 했다. 빌 클린턴이나 토미 라소다 모두 훌륭한 화자였다. 그들은 공통적으로 자신의 일에 대하여 무척 열정적이었고, 말하는 가운데 그러한 열의를 상대방에게 고스란히 전달했다. 그러한 열정 그리고 그것을 기꺼이 공유하고자 하는 태도 때문에, 그들은 화자로서뿐만 아니라 자신이 선택한 분야에서도 성공하였다.

어쩌면 당신은 자신의 직업에 대해 토미 라소다만큼 열정적이지 못할지 모른다. 나는 당신도 라소다 같기를 바라지만, 모두 다 그렇게 운이 좋을 순 없다. 그럴 땐 당신도 열정적일 수 있는 것을 찾아보라. 말하자면 당신의 자녀나 취미, 자선 활동 또는 당신이 이제 막 읽은 책이라도 괜찮다. 당신이 열정적일 수 있는 소재를 선택하여 그런 열정을 대화 속에서 풀어놓아라. 그러면 당신 말을 듣고 있는 상대방도 이유를 이해할 수 있을 것이고, 당신은 재미있는 화자가 될 것이다.

● ● "당신은?"이라고 되묻는 걸 잊지 마라

대화를 계속하기 위해서는, 상대방에게 자신을 소개하고 상대가 당신에 대해 물어보면 정확히 대답해주어야 한다. 하지만 너무 길게 말해서는 안 된다. 대신에 "당신은 어때요. 메리?" 또는 "직장은 어디죠?"라고 하면서, 상대에게도 말할 기회를 주어야 한다.

또한 대화를 잘 풀어나가는 사람은 모든 일에 호기심을 가지고 있다. 때문에 그들은 상대방의 말을 경청하면서 자신의 시야를 넓힌다. 호기심을 가지고 상대의 말을 잘 경청함으로써 새로운 것을 배운다.

● ● 공감은 상대를 춤추게 한다

우리가 가장 말하고 싶은 상대는 자신의 말에 공감하는 사람들이다. 사람들은 자신이 말하고 느끼는 것을 상대도 확실히 공감해주길 바란다. 당신이 새로운 직장을 얻었을 때, 그 말을 듣는 상대가 그저 "아, 그래요?"라고 말하는 사람보다는 "와, 정말 잘됐네요!"라고 반응하는 사람에게 그 사실을 이야기하고 싶어 한다. 따라서 당신이 다른 사람의 말을 들을 때도 그처럼 반응하라.

오프라 윈프리는 자신의 쇼에 출연한 초대 손님들에게 확실한 공감을 나타냄으로써 시청자와도 강한 연대감을 지니고 있다. 그녀는 출연자들이 언급한 문제에 대하여 진정으로 염려하고 그것을 곧 자신의 일로 여긴다. 그리고 출연자들에게 공감을 표시함으로써 그들은 그녀에게 마음을 열고 솔직하게 하고 싶은 말을 한다. 이 역시 말 잘하는 사람들의 특징이다.

TV 쇼를 진행하는 최고의 사회자들은 모두 이런 특징을 공유하고 있다. 그래서 나는 그들을 특별히 '교감인交感人, commiserators'이라 부른다. 당신이 그들에게 자신이 뇌종양이나 아니면 그저 수두에 걸렸다고만 말해도, 그들은 같이 염려하면서 힘이 되려 하고 또한 그 사실을 시청자들에게 그대로 전달한다.

딕 카벳 또한 공감할 줄 아는 사람이다. 그는 대단히 지적이고 시야가 넓은 사람인데, 자신의 쇼에 출연한 손님들의 말초적인 감정을 건드리기보다는 출연자 개인에 대해 관심을 가지고 그들이 진정으로 느끼는 바에 대하여 더 많은 흥미를 나타내는 스타일이다.

●
● 타이밍 못 맞춘 유머는 마이너스다

유머는 어느 자리에서나 그렇듯 대화에서도 꼭 필요하다. 때로는 대화의 성패를 결정할 만큼 정말 중요하다. 내가 연설할 때 지키는 기본적인 원칙 가운데 하나는 '너무 심각한 말을 너무 오래하지 않는다.'는 것이다. 대화에도 이 원칙은 그대로 적용된다. 어쩌면 더 필요할지도 모른다.

하지만 유머도 다른 일과 마찬가지로 억지로 하면 효과가 없다. 최고의 유머 작가나 희극배우들은 이 점을 잘 알고 일부러 애쓰지 않는다. 그 가장 좋은 본보기가 코미디언 밥 호프이다.

밥은 만찬 초대 손님으로서 특별히 웃기려고 노력하지 않는다. 그는 결코 지루하거나 엄숙하지 않지만, 만찬 테이블에서 구닥다리 희극을 연출하지도 않는다. 모든 사람들이 그가 무대 위에서나 TV, 영화에서 너무 웃긴다는 사실을 이미 알고 있기 때문에 그것을 새삼 증명할 필요는 없다.

더구나 밥 호프는 단순한 코미디언이나 연예인이 아니다. 그는 이 세상의 모든 일에 관심이 있는 성공한 사업가이며, 전 세계에 나가있는 미군 장병들을 위해 공연한 애국자이기도 하다. 따라서 이런 모든 분야에서 겪은 다양한 경험 덕분에 그는 수많은 이야기 소재를 가지고 있으며, 언제나 생기발랄한 대화 상대이다.

알 파치노는 그만의 타고난 유머 스타일을 지니고 있다. 그는 미국의 최고 배우들 가운데 한 사람이지만 스크린 밖에서는 아주 재미있는 친구다. 말하자면 뉴욕식으로 웃기는 사람이다. 그는 어떤 일이 닥쳤을 때 뉴욕 사람 특유의 반응을 나타내며, 다른 뉴욕 사람들처럼 생활하면서 겪게 되는 주변의 수많은 위협과 웬만한 위험에는 끄떡도 않는 모습을 보인다.

1994년 1월 로스앤젤레스에서 대지진이 발생한 몇 시간 후, 우리들은 월터 크롱카이트, 펠레 등 몇 사람과 함께 버버리 월셔 호텔의 로비에 서 있었다. 그 전날 저녁 그곳에서 케이블 TV 시상식이 있어서, 우리 일행은 그 도시를 방문 중이었다. 그래서 지진이 발생했을 때의 상황에 대해서 서로 얘기하면서, 우리들 모두는 매우 놀라워하고 있었다. 그러나 파치노는 그 일을 벌써 잊어버리고는 이렇게 말했다. "나야 뉴욕 출신 아닙니까. 폭탄이 한 방 터진 줄 알았죠." 그것은 농담이 아니었고 그저 표정 없는 한마디였을 뿐이다. 그러나 그 순간, 우리들은 한바탕 웃고 풀어졌다.

또 다른 특유의 스타일을 가진 사람은 조지 번즈였다. 그는 텔레비전에서 우리가 본 그대로였다. 웃기는 일 말고는 다른 길이 없는 그가 평생 동안 대화 속에서 개그 소재를 수집한 것은 자연스러운 일이다.

예를 들면, 파티에서 대화 소재가 건강 관리이고 모든 사람들이 여러 가지 관리 방안을 심각하게 고려하고 있다고 가정해보자. 그때 누군가가 곧 100세가 되는 조지에게 요즘 의사들을 어떻게 생각하느냐고 물었다. 그는 "나는 하루에 시가를 열 대 피우고, 매일 점심 먹을 때마다 마티니 더블 두 잔, 저녁에 또 두 잔을 마시죠. 그리고 젊었을 때보다 더 여자들과 어울립니다. 그러면 사람들은 의사가 그 점을 어떻게 생각하느냐고 물어봅니다."라고 말했다.

그리고 좌중을 한번 둘러보고는 태연한 말투로 이렇게 말했다. "그런데 내 주치의는 10년 전에 죽었어요."

조지 번즈는 역시 조지 번즈였다. 그가 일상적인 일을 말한다 해서 지루해하는 사람은 없었다. 그의 일상적인 말이 곧 그 자신이고,

우리들 모두는 그 점을 잘 알고 있었다. 따라서 그의 테이블에 있는 초대 손님들은 지루함 대신 즐거움을 느꼈다.

하지만 이것 역시 유머를 대화 속으로 억지로 끌어들이지 않았기에 가능했다. 그의 말은 의사에 관한 얘기 끝에 자연스럽게 나온 것이었다. 만일 그가 주위에 있는 사람들에게 "여러분, 제가 겪었던 재미있는 얘기 하나 해드릴까요."라고 했다면, 그것은 너무 의도적이고 대화의 흐름을 방해했기 때문에 재미없었을 것이다.

유머에 관해서 기억해야 할 중요한 포인트는 바로 이것이다. 당신의 유머 스타일이 어떠하든, 대화 속에서 자연스럽게 나오도록 하라. 전문적인 코미디언들은 타이밍이 모든 것을 결정하며, 좋지 않은 타이밍에 개그를 하면 모든 것이 엉망이 된다는 사실을 잘 알고 있다. 따라서 오늘 사무실에서 아무리 재미있는 얘기를 들었더라도, 그것만을 일부러 말하기 위해 대화의 맥을 끊어서는 안 된다.

배우 돈 리클스 역시 항상 재미있는 친구였다. 그는 무대 위에서처럼 디너파티에서도 마지막 한 방으로 사람들을 웃겼다. 이것이 그의 개성이었다. 테이블에 있는 손님들은 그 사실을 익히 알고 그의 재치 있는 말솜씨에 웃음을 터뜨렸다.

사람들은 당신과 내가 하는 말에는 웃지 않고 왜 그의 말에는 폭소를 터뜨릴까? 우리가 어떤 유머를 구사하려고 할 때, 사람들은 우리가 지금 애쓰고 있다는 것을 미리 알기 때문이다. 하지만 돈은 그것을 아주 자연스럽게 타이밍 맞춰 구사했다. 그는 자신도 모르게 '솔직함이 최고'라는 아더 가드프레이의 성공 공식을 따르고 있었던 것이다.

● 나만의 스타일을 고수하는 것도 전략이다

말 잘하는 사람들이 지니고 있는 또 다른 중요한 요소는 스타일이다. 그들은 자신만의 대화 방식을 가지고 있으며, 그것을 효과적으로 구사한다. 20세기 후반 미국에서 가장 성공한 네 명의 법정 변호사들이 있다. 그들은 사람들의 말하는 스타일이 각자 얼마나 다른지 확실히 보여주었다. 하지만 그들 각자는 자신에게 맞는 독특한 스타일을 효과적으로 구사함으로써 모두 성공했다.

에드워드 베넷 윌리암은 소곤거리듯 부드럽게 말하는 스타일이었다. 그의 말을 듣기 위해 사람들은 어쩔 수 없이 몸을 앞으로 당겨 좀 더 주의를 기울여야 했다. 그는 의도적으로 조용하게 말했다. 그것이 그의 방식이었고 그 효과는 매우 컸다. 크게 소리치지 않으면서도 사람을 자기의 말 속으로 끌어들였다. 사람들은 그의 말 한마디 한마디에 매달렸다. 그의 이런 방식은 법정의 판사 앞에서는 물론이고 점심을 먹기 위해 식탁에 둘러앉은 사람들 앞에서도 먹혀 들었다.

또 다른 법정 변호사인 퍼시 포어맨은 사람들의 감정에 기대어 호소하기를 좋아했다. 그는 거의 짧은 연설조로 말을 했다. 우리가 그렇게 말한다면 상대방을 지겹게 하겠지만, 그에게는 그 방식이 통했다. 그것이 그만의 스타일이기 때문이다.

윌리암 쿤스틀러는 큰 소리로 기관총처럼 퍼붓듯 말하는 변호사였다. 그는 항상 분노한 것처럼 보였다. 그의 스타일은 앞서 말한 윌리암이나 포어맨과는 완전히 달랐을 뿐 아니라 다른 사람이 그렇게 했으면 절대로 효과를 거두지 못할 만한 것이었다. 하지만 쿤스틀러는 평생 그의 스타일을 고수했고 성공해왔다.

반면에 루이스 나이저의 스타일은 여러 사례들을 차례로 언급하는 논리적인 스타일이었다. 윌리암은 극적인 감각에, 포어맨은 감정에, 쿤스틀러는 상대의 분노에, 나이저는 논리에 호소했다.

법정에서 어떤 스타일로 말하느냐가 당신과는 아무런 관련이 없을지도 모른다. 그러나 내가 여러 변호사들의 예를 든 것은 사람들이 아주 비슷한 처지에서도 어떻게 자기만의 스타일을 구사하는가 하는 점을 보여주기 위해서이다. 당신에게 편한 스타일을 찾아내어 그것을 당신만의 것으로 개발하라.

가끔 나도 내 스타일은 무엇이냐고 하는 질문을 받는다. 다른 사람의 스타일을 설명하는 것은 쉽지만 내 스타일이 스스로 어떻다고 말하는 일은 더 어려운 것 같다. 나는 내 스타일이 딕 카벳의 스타일과 비슷했으면 좋겠다.

어쩌면 다음과 같은 것들이 비슷한 듯싶다. 나는 약간 격렬하면서 호기심 많고 때로는 공격적이지만 가끔은 그저 공감을 표시하며 태평하게 물러나기도 한다. 그리고 언제나 현재와 현실을 중시하기는 하지만 누구보다도 '왜 그럴까?' 하고 궁금해하는, 호기심이 많은 사람이라고 할 수 있다.

또한 당신이 아무리 뛰어나고 말을 잘한다 해도, 침묵을 지키는 게 더 좋은 순간들이 있다. 나는 모든 대화에 끼고 싶어 하는 인간의 충동심리를 잘 알고 있다.

벤슨 허스트의 어린 시절 친구들이 나를 괜히 '떠벌이'라고 부르진 않았다. 하지만 그 충동 속에 깊이 숨겨진 본능이 이번에는 빠지라고 할 때는, 그렇게 하는 것이 현명하다.

● ● 유행어를 뺄수록 대화가 신선하다

원활한 대화를 위해 유창한 대답보다 더 중요한 것은 상황에 어울리는 좋은 질문이다. 하지만 몇 가지 유의해야 할 어법과 어휘가 있다. 그런 요소들이 의사소통에 많은 영향을 주기 때문이다.

인간 탐구뿐만 아니라 말하기에 대해서도 조예가 깊었던 마크 트웨인은 말했다.

"거의 정확한 낱말과 정확한 낱말의 차이점은 실제로 엄청나다. 그 차이는 진짜 번갯불과 반딧불만큼 다르다."

듣는 사람이 즉각적으로 깨닫고 이해할 수 있는 정확한 낱말은 대부분 쉬운 낱말이라는 사실을 명심해야 한다. 사람들이 자신의 연설이 세련되어 보이도록 전문용어나 유행어들을 차용하는 추세는 자연스러운 일이다. 더구나 현대에는 매스컴의 발달로 인하여, 새로운 낱말과 표현이 급속하게 전파되고 있다. 하지만 불행하게도 새로운 말만 쓴다고 해서 커뮤니케이션 능력이 나아지는 것은 아니다.

나는 과장된 말은 되도록 쓰지 않으려고 한다. 그러나 상대방에게 무언가를 보여주기 위해 그런 말을 쓰는 사람들이 있다. 또 어떤 이는 쉽고 명확한 일상의 말하기를 아예 잊어버려서 그런 말을 쓰는 사람도 있다. 유행어를 쓰지 않고 말할 수 있다면, 당신의 말이 더 잘 전달될 것이고 상대방도 그 뜻을 쉽게 이해할 것이다.

매스컴은 수많은 유행어와 구호들을 순식간에 전국적으로 전파시킨다. 이런 유행어는 시대의 조류, 큰 사건이나 유명 인사를 통하여 번지는데, 한번 유행하게 되면 금방 누구나 쓰는 상투어가 되어버린다. 가끔은 이런 표현으로 자신의 말을 상대에게 좀 더 분명하게 전달할 수도 있다. 하지만 너무 남발하면 개성이 없거나 자기 표현을 못하는 인상을 줄 수 있으니까 조심해야 한다.

칵테일파티나 집에서 또는 TV에 출연했을 때, 이러한 상투어나 유행어를 적게 쓸수록 당신의 대화는 더욱 신선하고 효과적일 것이다.

● ● 군더더기 말은 과감하게 없애라

사람들의 대화 중에는 아무런 뜻도 없이 끼어드는 말이나 소리가 있다. 그것들은 괜히 중간에 끼어서 문장의 맥을 끊어 놓는다. 이런 의미 없고 하나 마나 한 말들은 포장 박스를 채우는 스티로폼 조각들처럼 귀찮고 불필요할 뿐이다.

그런데 사람들은 왜 그런 말들을 쓸까? 그것은 말하는 데 자신이 없기 때문이다. 말문이 막힐 때 기댈 수는 있겠지만, 계속 기대다 보면 당신의 말은 언제나 절룩거리게 된다.

이런 말들 가운데 대표적인 표현이 '있잖아요You know'다. 워싱턴의 친구한테 들은 얘기인데, 그 친구 회사에서 고문으로 일했던 사람이 있었다. 그의 세 마디 중 두 마디는 '있잖아요'였단다. 그래서 호기심 많은 그 친구가 그 고문이 '있잖아요'를 몇 번이나 말하는지 세어보기로 했다. 그랬더니 20분간의 회의 시간에 그 말을 무려 90번이나 하더라는 것이다. 계산해보니 1분에 4번 반씩이나 된다.

우스운 것 같지만 이 일화에는 심각한 문제가 숨어 있다. 고문이란 직책은 사람들의 이런저런 일에 답해주는, 말하자면 효과적으로 의사소통하는 것이 직업인 사람이다. 그런데 그런 버릇 때문에 그의 말을 듣는 사람이 원래 그가 하고자 하는 말보다는 '있잖아요'에 더 신경을 쓴다면 일이 어떻게 되겠는가?

요즘에는 '기본적으로basically'가 '있잖아요'의 자리를 위협하고 있다. 최근에 텔레비전 저녁 뉴스를 듣고 있노라면 이 말이 줄기차게 나온다. 아마 말을 시작할 때 쓰는 말 중에서는 가장 많이 쓰이는 표현으로 기네스북에 오를 것이다.

'기본적으로'라는 말은 별다른 이유 없이 습관적으로 자주 쓰인다. 일전엔 저녁 뉴스에 어떤 경찰관이 나와서 말하길 문이 '기본적으로 열려 있어서' 범인이 집 안으로 침입했다는 말을 듣고 재미있는 생각이 떠올랐다. 그 말은 '기본적으로 임신 중'이라는 표현과 비슷하다. 문이 열렸으면 열린 것이고, 아니면 아닌 것이다. 여기에서 '기본적으로'라는 말은 필요 없다.

이것도 부족해서 어떤 사람들은 말 중간에 이상한 소리를 넣는다. 예를 들면 '에uh', '음um' 같은 것이다. 이런 버릇들은 빨리 버려야 한다. 그렇지 않으면, 다른 사람들처럼 말할 능력이 부족하다는 평을 들을 것이다.

● ● 말주변도 습관에 좌우된다

나쁜 말하기 버릇을 어떻게 고칠 수 있을까? 다른 습관처럼 여기에도 훈련이 필요하다. 다음 3가지 방법을 시도해보자.

첫째, 익숙한 말들을 잘 활용하기 위해서는 먼저 자신이 하는 말을 들어보라. 말을 할 때마다 당신 입에서 어떤 단어가 튀어나오는지 거기에만 신경을 써도 그 효과는 매우 크다. 그러면 실제로 말할 때 얼마나 자주 중간에 멈추었다 새로 시작하는지, 이미 한 말을 또 하는지, 그리고 '에'라는 소리는 또 얼마나 자주 내는지를 깨달을 수 있다. 그 정도만 해도 말을 매끄럽게 하는 데 큰 도움이 된다.

둘째, 말을 하기 전에 미리 생각하라. 너무 당연한 소리로 들리겠지만 말을 절반쯤 하다가 그 끝을 어떻게 맺어야 좋을지 몰라 당황할 때 도움이 된다. 그렇다고 입을 열기 전에 문장 전체를 미리 생각하라는 말은 아니다. 첫 문장을 말하면서 다음 문장을 생각할 수 있다. 이 방법이 어렵게 들리겠지만, 실제로 해보면 생각만큼 어렵지 않다. 인간의 두뇌는 용량이 크기 때문에 2가지 일을 한꺼번에 처리할 수 있다. 조금 연습하면 곧 익숙해질 것이다.

셋째, 당신이 말하는 도중에 쓸데없는 군소리가 들어가는지 모니터를 부탁하라. 이 방법은 아주 놀랄 만한 효과가 있다. 배우자나 친구 또는 직장 동료도 괜찮다. 당신이 말하는 도중에 쓸데없는 말을 집어넣으면, 그 즉시 지적해 달라고 부탁하라. 하루에도 최소 2시간 정도 같이 지내는 사람에게 부탁하는 것이 좋다. 조금 귀찮을 것 같다고? 그것이 바로 이렇게까지 하는 목적이다.

심리학에서 이를 '부정적 보강'이라고 하는데, 이런 식으로 며칠 지나면 당신이 버릇처럼 써오던 군말을 억제할 수 있게 된다. 그리고 이 방법을 쓸 때는 한 번에 한 가지 단어나 표현만을 그 대상으로 하는 것이 좋다. 버릇이 되어버린 군소리가 여러 개라면 한 번에 하나씩 차례로 제거하라. 그렇지 않으면 당신을 모니터링해주는 사람이 당신의 군말을 지적하느라 정신을 차리지 못할지도 모른다.

꼭 필요한 단어를 빼는 것도 문제다. 요즘의 뉴스나 스포츠 캐스터들은 동사를 빼고 말하는 것을 좋아한다. 때로는 그것 때문에 뜻이 달라지는 데도 거리낌 없이 그렇게들 말하고 있다.

예를 들면, 농구 중계방송 도중에 "패트릭 유잉, 파울입니다.Patrick Ewing fouled on the play."라는 말을 자주 듣는데, 아나운서들은 유잉이 '파울을 당한' 상황을 그렇게 말하는 것이다. 하지만 그 말만 들으면, 마치 유잉이 '파울을 범한' 것처럼 들린다. 이처럼 말이 되지 않는 표현을 쓰는 이유는 뭘까? 저녁 뉴스의 기자들이나 앵커들도 마찬가지다. 말할 때 문장에서 동사를 빼버리는 것이 요즘 방송인 사이에 새로 생긴 습관인 것 같다.

어쩌면 그렇게 함으로써 자신들이 전하는 소식의 긴박감을 높일 수 있다고 생각하는지 모르겠다. 마치 너무나 긴박한 나머지 동사를 집어넣을 시간도 없는 것처럼. 하지만 이것 역시 또 다른 유행이자 나쁜 습관에 지나지 않는다.

말 잘하는 사람들의 8가지 특징

1. 익숙한 주제라도 '새로운 시각'을 가지고 사물을 다른 관점에서 바라본다.
2. '폭 넓은 시야'를 가지고 일상의 다양한 논점과 경험에 대해 생각하고 말한다.
3. 열정적으로 자신의 일을 설명한다.
4. 언제나 '자기 자신'에 대해서만 말하려 하지 않는다.
5. 호기심이 많아서 좀 더 알고 싶은 일에 대해서는 '왜?'라는 질문을 던진다.
6. 상대에게 공감을 나타내고 상대의 입장이 되어 말할 줄 안다.
7. 유머 감각이 있어 자신에 대한 농담도 꺼려하지 않는다.
8. 말하는 데 '자기만의 스타일'이 있다.

유행어나 과장된 말을 쓰지 마라

유행어를 쓰지 않고 말하면, 당신의 말이 더 잘 전달될 것이고 상대방도 그 뜻을 쉽게 이해할 것이다. 매스컴에서 전파된 유행어는 금방 누구나 쓰는 상투어가 되어버린다. 대화할 때 그것을 너무 남발하면 개성이 없거나 자기표현을 못하는 인상을 줄 수 있으므로 조심해야 한다.

CHAPTER 3

낯선 사람도
두렵지 않은 대화법

● 대통령 앞에서도 주눅 들 필요 없다

사교적인 자리나 사업상의 자리에서 이야기를 나눌 때, 제일 먼저 해야 할 일은 상대방을 편안하게 해주는 것이다. 우리들 대부분은 선천적으로 수줍어한다. 물론 브루클린 출신의 안경 낀 유태 소년도 수줍음이 무엇인지 알았다. 처음 보는 사람과 얘기하거나 난생처음 대중들 앞에서 얘기할 때는, 누구나 긴장하거나 최소한 긴장 직전까지 가는 법이다.

내가 알기로 수줍음을 극복하는 가장 좋은 방법은 '누구나 바지를 입을 때 한 번에 한쪽씩밖에 못 입는다.'는 속담을 상기하는 것이다. 당신과 얘기를 나눌 사람도 그런 사람이다. 진부하긴 하지만,

대부분의 속담이 그렇듯이 그것은 진실이다. 진실이기 때문에 무엇보다 먼저 진부하게 된 것이다.

하지만 이 진부한 말이 우리들 모두가 인간이라는 사실을 효과적으로 설명해준다. 대화 상대가 네 개의 박사학위를 가진 대학교수거나 시속 1만 8천 마일로 우주 공간을 비행하는 우주비행사거나 당신이 거주하는 주의 주지사로 선출된 사람이라는 이유만으로 주눅 들 필요는 없다.

그리고 언제나 이것을 기억하라. 당신이 그들과 동등하다고 여기거나 그렇지 않다고 해도 당신 스스로가 자신을 드러내며 대화를 즐긴다고 생각할 때, 상대도 그 대화를 좀 더 즐긴다는 사실이다.

또한 우리들 대부분은 거의 같은 조건에서 출발했다는 사실을 명심하기 바란다. 케네디나 록펠러 또는 소수의 선택받은 가문 출신을 제외하면, 부와 권력을 가지고 태어나는 사람은 거의 없다. 우리들은 대부분 서민층의 아이로 출발했다. 대학교 등록금을 대기 위해 시간제로 일했고, 직장 생활을 시작할 무렵에도 그러했다. 그리고 상대방도 대개는 그러했을 것이다.

우리들은 어쩌면 그들만큼 부유하거나 유명하지도 않고 그들만큼 어떤 분야에서 성공하지 못했을 수도 있다. 그러나 우리들은 비슷한 환경에서 출발했으며 형제자매라고 생각할 수도 있다. 열등감을 느끼거나 불안해할 이유가 없다. 상대방만큼 당신도 자신의 자리에서 그만한 위치를 차지하고 있다.

게다가 당신과 말하고 있는 상대도 어쩌면 꼭 당신만큼 수줍어한 다는 사실을 기억한다면, 수줍음을 극복하는 데 도움이 될 것이다. 우리들 대부분은 그렇다. 이것만 명심한다면 수줍음을 떨쳐버리는 데 커다란 힘이 된다.

때로는 당신보다 더 수줍어하는 사람을 만나기도 한다. 나는 2차 세계대전 때 적군 비행기를 다섯 대 이상이나 격추시켜 '에이스Ace' 가 된 어느 공군 조종사를 생생하게 기억하고 있다. '에이스'라고 하는 조종사들의 친목 단체는 미국뿐만 아니라 독일, 일본, 베트남 등 다른 국가에도 있다.

1960년대 말에는 그 단체의 모든 지부회원들이 마이애미에서 모 임을 가졌고, 그때 나는 MBSMutual Broadcasting System의 WIOD 방송국 에서 심야 라디오 토크쇼를 진행하고 있었다. 그런데 〈마이애미 헤 럴드〉 신문이 2차 세계대전 당시 독일 전투기를 일곱 대나 격추시 키고 지금은 증권분석가로 마이애미에서 유일하게 살고 있는 한 에 이스를 찾아냈다. 그 신문사가 우리 방송국 PD에게 전화로 그 조종 사를 방송에 출연시키고 그에 관한 특집을 다루는 것이 어떻겠냐고 제안했다.

우리는 그 조종사를 쇼에 출연시키기로 했다. 시간은 밤 11시에 서 자정까지 1시간이었고, 신문사는 취재기자와 사진기자를 보내겠다고 했다. 드디어 그 초대 손님이 스튜디오에 도착했을 때, 나는 그와 악수를 나누었다. 그의 손에 땀이 배어 있었다. 그의 "안녕하세요."라는 말은 거의 들리지도 않았다. 그는 확실히 긴장하고 있었다. 긴장이라니? 어떻게 이런 사나이가 전투기 조종사가 되었단 말인가?

5분간의 지역 뉴스가 나간 후, 나는 11시 5분에 조종사의 간단한 이력을 소개하며 방송을 시작했다. 그런데 첫 질문부터 일이 꼬이기 시작했다.

"왜 파일럿이 되려고 하셨죠?"

"글쎄요."

"하지만 비행은 분명 좋아하시겠죠?"

"예."

"비행을 좋아하는 까닭이 있나요?"

"아니요."

몇 가지 질문이 더 이어졌고 그의 대답은 모두 "예", "아니요", "글쎄요"라는 세 마디가 전부였다. 나는 스튜디오의 시계를 올려다보았다. 11시 7분이었고, 대담 자료는 이미 동이 났다. 더 이상 물어볼 말이 없었다. 그는 긴장하여 거의 죽을 지경이었다. 이를 제안한 신문사는 당황했고 나 역시 난감했다. 모든 사람들이 같은 생각으로 주위에 서 있었다.

아직 50분이나 남았는데 이젠 무얼 하지? 이 상태로 가면, 마이 애미의 모든 애청자들은 채널을 곧 다른 데로 돌릴 것이다. 다시 한 번 나는 본능에 따라 움직이는 수밖에 없었다.

"만일 머리 위에 적기가 다섯 대 떠 있고 지금 우리 비행기 한 대가 방송국 뒤에 있다면, 출격하시겠습니까?"

"예."

"그런 상황이라면 긴장되지 않을까요?"

"전혀."

"그런데 지금은 왜 그렇게 긴장하죠?"

"누가 듣고 있는지 모르기 때문이죠."

드디어 여러 마디의 대답이 나왔다.

"그러니까 지금 당신의 공포는 미지에 대한 것이군요."

우리는 그의 공군 시절에 대한 얘기를 일단 중단하고 공포에 대하여 말하기 시작했다. 그러자 그의 긴장감은 사라지고 10분도 안 되어 그는 완전히 변했다. 그 이후 비행에 관한 대답은? 전혀 문제가 없었다. 그는 열정적으로 말하기 시작했다.

"내 비행기가 구름 속으로 파고들었죠! 급우회전으로! 햇살은 날개 끝에서 반짝거렸고……."

방송은 자정까지 진행되었고 그는 그때까지 떠들고 있었다.

이 2차 대전의 용사는 한순간 그를 사로잡았던 공포를 극복할 수 있게 되자, 훌륭한 이야기꾼으로 바뀌었고 곧 자신의 목소리에 익숙해졌다. 처음 그의 과거에 대하여 얘기하고자 했을 때, 그는 내가 무엇을 질문할 것인지 알지 못했다. 그는 인터뷰 중에 무엇이 자신을 기다리고 있는지 몰랐기 때문에 겁을 먹었던 것이다.

그러나 우리가 현재에 대하여 얘기하기 시작했을 때, 그는 더 이상 겁먹을 일이 없었다. 스튜디오에서 지금 일어나고 있는 일에 대해서 그리고 자신의 느낌만을 말하면 되었다. 긴장감은 사라졌고 그의 자신감은 보통의 상태로 돌아왔다. 나는 그것을 확인하고 그를 다시 과거로 끌어들였다.

당신도 처음 만나는 누군가와 말할 때 그 어색함을 이와 같은 방법으로 해소시킬 수 있다. 어떻게? 아주 간단하다. 상대를 편하게 해주는 것이다. 그리고 그들 자신에 관한 질문을 해보라. 그러면 당신에게도 말할 소재가 생길 것이며, 상대방은 당신을 매력적인 상대로 생각할 것이다. 왜냐하면 사람들은 자신에 관한 얘기를 듣기 좋아하기 때문이다.

이것은 나의 말이 아니다. 영국의 소설가이며 정치인으로 수상까지 지냈던 벤자민 디즈렐리도 같은 충고를 했다.

"사람들에겐 그들 자신에 관한 것을 말하라. 그러면 그들은 몇 시간이고 당신 말을 경청할 것이다."

● ● 가장 친근한 이야깃거리로 시작한다

파티나 만찬석상에 참석하거나 새 직장에 첫 출근하거나 이웃과 처음 만날 때, 또는 그 밖의 수많은 상황에서 대화를 시작할 수 있는 화젯거리는 제한이 없다.

언젠가 마크 트웨인은 사람들이 날씨에 대해서 그토록 많이 말하면서도 그에 대한 어떠한 일도 하지 않는다고 불평했다. 하지만 날씨야말로 대화를 시작하는 데 있어 언제나 빼놓을 수 없는 그리고 가장 안전한 화제이다. 특히 상대방에 대해 전혀 알 수 없는 경우에는 더욱 그렇다. 중서부 지방의 홍수나 지진, 산불 그리고 서해안의 산사태나 동부 지방의 폭설이나 혹한 등 날씨는 말문을 여는 데 풍부한 이야깃거리를 제공한다.

비록 미국의 코미디언인 W.C. 필즈가 "어린아이와 동물을 싫어하는 사람이라고 다 나쁘지는 않다."라고 했어도, 많은 사람들이 그 둘을 사랑하고 함께 지낸다. 필즈 자신도, 상대방이 어린이나 애완동물을 키운다면 가장 손쉽게 그들과 얘기를 나눌 수 있다는 사실을 인정했다.

나는 앨 고어 대통령 후보가 그런 태도를 취한 것을 한 번도 본 적은 없지만, 어떤 사람들은 그가 TV에서 나무토막처럼 딱딱하다고 비난한다. 그러나 그런 사람들도 그에게 테네시 상원의원을 지낸 아버지를 따라 워싱턴의 세인트 알반즈에서 다니던 그의 학창 시절이나 볼티모어 오리올스 프로야구단에 관한 질문을 한다면, 그가 생기 있고 열정적이며 활기찬 사람이라는 사실을 금세 알게 될 것이다. 또한 그가 자신의 아이들에 대하여 말할 때면, 우리는 매우 따뜻하고 인간적인 앨 고어를 만나게 된다.

어떤 화제이건 대통령 후보와의 대화는 성공적으로 시작할 수 있다. 그가 장시간 말할 수 있는 정치적 화제는 분명히 많기 때문이다. 하지만 가장 마음을 열어주는 화제는 개인적으로 친근한 것들이다. 이 점은 다른 사람들에게도 마찬가지이다.

만일 당신이 어떤 파티에 참석했다면, 그 자리 자체가 대화의 출발점이다. 내가 60번째 생일을 맞이했을 때, 친구들은 그것을 '열 살 먹은 래리 킹의 50회 기념일'이라고 부르며, 1940년대 브루클린의 유행곡을 주제가로 틀었다. 그날 밤, 많은 대화가 다저스나 코니 아일랜드 또는 향수 어린 이야기로 시작되었다. 때로는 참석한 장소 자체가 대화의 실마리를 제공하기도 한다. 그날 밤 파티는 백악관 건너편의 역사적인 디케이터 하우스에서 열렸는데, 그것 또한 또 다른 대화 소재가 되었다.

파티가 어떤 개인의 집이나 사무실에서 열리는 경우, 그 집주인이 즐겁게 얘기할 만한 기념품이 있기 마련이다. 만일 붉은 광장에서 찍은 사진이 걸려 있다면 러시아 여행에 관한 질문을 하고, 벽에 크레용으로 그린 그림이 있으면 자녀 중 어떤 아이나 손자가 그렸는지 물어보라.

● ● 질문만 잘해도 대화는 끊기지 않는다

'예', '아니요'라고 답할 수 있는 질문은 좋은 대화의 적이다. 원래 그런 질문은 속성상 한두 마디의 대답만을 낳기 마련이다.

"이렇게 무더운 날은 정말 짜증나죠?"
"경기가 다시 후퇴하리라 생각하나요?"
"레드 스킨즈 축구팀이 올해도 고전할까요?"

위와 같은 것들은 다 대화의 좋은 소재들이다. 하지만 이런 식의 단순한 용어로 질문한다면, 돌아오는 대답 역시 '예', '아니요'뿐이다. 그리고 대화는 그걸로 끝이다. 그러나 풍부한 대답을 유도할 수 있도록 질문을 좀 더 구체적으로 한다면, 대화는 계속 이어질 것이다. 그 차이점을 보자.

"이렇게 날씨가 뜨거운 것을 보면, 무언가 지구 온난화 현상과 관련이 있다는 생각이 들어요. 당신 생각은 어떠세요?"

"올해 주식시장이 크게 흔들린 것을 보면, 경제가 정말 생각만큼 안정적인지 의문스럽습니다. 혹시 경기가 다시 불경기 쪽으로 후퇴하고 있는 건 아닐까요?"

"워싱턴으로 이사한 이후로 줄곧 레드 스킨즈의 팬인데, 지금 세대교체 중인 것 같아요. 카우 보이즈도 여전히 강적이고요. 레드 스킨즈가 올해도 고전할까요?"

위와 같은 질문에 대하여 상대방은 한두 마디로 빠져나갈 수 없다. 사실 두 번째 그룹의 세 가지 질문은 첫 번째 그룹과 같은 소재이다. 하지만 첫 번째 형태의 질문은 '예', '아니요'라는 대답만을 낳고, 두 번째 형태의 질문에 대해서는 좀 더 길게 답할 수밖에 없어 자동적으로 더 나은 대화로 이어가는 데 도움이 된다.

●● 대화의 90%는 '경청'이다

대화의 첫 규칙은 듣는 것이다. 말하고 있을 때는 아무것도 배울 수 없다. 대담 중 내가 하는 말에서는 아무것도 배울 것이 없다는 사실을 매일 아침 깨닫는다. 오늘도 많은 것을 배우기 위해서는 그저 상대의 말을 경청하는 것뿐이다.

사람들이 남의 말을 잘 듣지 않는다는 증거는 매일 같이 확인할 수 있다. 친구나 가족에게 당신 비행기가 8시에 도착한다고 말해보라. 그러면 얘기가 끝나기 전에 그들은 "비행기가 몇 시에 들어온다고?"라고 물어볼 것이다. 그리고 "지금 뭐라고 하셨죠? 기억이 안 나는데요."라는 말을 몇 번이나 들었는지 생각해보라.

당신이 다른 사람의 말에 좀 더 귀 기울이지 않으면, 그들도 당신 말에 귀 기울이지 않을 것이다. 작은 읍이나 교외의 철도 건널목에 있는 표시판을 생각해보자.

멈추시오, 둘러보시오, 들어보시오

바로 이것이다. 지금 상대가 하고 있는 말에 진심으로 관심을 보여라. 그러면 상대방도 당신에게 그렇게 할 것이다.

훌륭한 화자話者가 되기 위해서는 먼저 훌륭한 청자聽者가 되어야 한다. 이것은 대화 상대에게 관심을 나타내는 것보다 더 중요하다. 주의 깊게 들으면 말할 차례가 왔을 때 더 잘 응대할 수 있고, 말을 더 잘할 수 있다. 상대방이 한 말에 대하여 적절하게 응대할 수 있는 능력은 곧 뛰어난 대담자들의 기본이다.

나는 유명 MC인 바바라 월터스의 인터뷰를 보고 실망했다. 그녀는 "그래서요?"라는 말을 너무 자주 했는데, 이는 '지금 돌아갈 수 있다면, 당신은 무엇이 되고 싶으세요?'라는 식의 질문 때문이다. 내 생각에, 그런 피상적인 질문보다는 앞에서 상대방이 한 말과 논리적으로 연결되는 질문으로 응대한다면 그녀는 훨씬 더 나아졌을 것이다. 그렇게 할 수 있으려면 상대방의 말을 주의 깊게 경청해야 한다.

나는 몇 년 전 테드 카펠이 〈타임〉지에 기고한 말을 듣고 즐거웠다. "래리는 초대 손님들의 말을 경청한다. 그는 상대방이 말하는 것에 주의를 기울이는데, 그렇게 인터뷰하는 사람은 별로 없다."

나는 '대담의 황제'로 알려져 있지만, 그런 성공은 무엇보다 먼저 '듣는' 데서 나왔다고 생각한다.

방송국에서 초대 손님들을 인터뷰할 때, 나는 그들에게 물어볼 질문지를 미리 준비한다. 하지만 그들의 대답에 따라 전혀 준비하지 않은 질문을 하고, 그 결과 깜짝 놀랄 만한 대답을 얻는 경우가 종종 있다.

예를 들면 1992년 대통령 선거기간 중에, 댄 퀘일 부통령이 초대 손님으로 나왔다. 화제는 낙태에 대한 법령이었다. 그는 "딸아이가 학교에 하루 결석하는 것도 자신이나 아내의 허락이 필요한데, 낙태하는 것은 말도 안 된다."고 했다. 그 말을 듣는 순간, 나는 이 정치적인 주제에 대한 퀘일의 개인 소신이 궁금했다. 그래서 만일 귀하의 딸이 낙태하러 가겠다고 말한다면 어떻게 하겠느냐고 물었다. 그는 자신의 딸이 어떤 결정을 내리든 그 의견을 존중한다고 말했다.

퀘일의 대답은 곧 커다란 뉴스거리가 되었고 낙태는 선거기간 동안 뜨거운 감자였다. 부시 대통령의 가장 보수적인 러닝메이트이며 낙태에 대한 확고한 반대 의견을 표명한 공화당을 대변하는 사람이 갑자기 그의 딸이 무슨 결정을 하든 따르겠다고 말한 것이다.

낙태에 대한 당신의 견해가 무엇이든, 여기에서의 요점은 내가 질문지대로 진행하지 않았기 때문에 퀘일로부터 뜻밖의 대답을 얻었다는 사실이다. 나는 그가 말하는 것을 경청하고 있었고, 그 결과 뉴스 가치가 있는 대답을 얻을 수 있었다.

1992년 2월 20일 로스 페로가 내 쇼에 출연하여 자신의 대통령 출마를 여러 차례 부인했을 때도 같은 일이 벌어졌다. 나는 그의 거듭된 부인에도 불구하고 무언가 미진하다고 생각하여, 쇼가 거의 끝나갈 무렵 그 질문을 약간 다른 방식으로 다시 던졌다. 그런데 이런! 그의 지지자들이 50개 모든 주에서 자신을 대통령 후보로 등록시킨다면 대통령 선거에 출마하겠냐는 질문에 그러겠다고 하는 것이 아닌가.

이런 모든 일들은 내가 무엇을 말해서가 아니고 상대방이 무엇을 말하든지 열심히 들었기 때문에 끌어낼 수 있었다. 나는 언제나 들고 있다.

인기 작가이며 칼럼니스트였던 짐 비숍은 내가 마이애미에 있을 때 자주 만났던 뉴욕 토박이였다. 그는 언젠가 자신을 짜증나게 하는 것들 중 한 가지는 자신의 안부를 물으면서도 자신의 대답은 듣지 않는 사람들이라고 했다. 특히 그 가운데 상습범이 하나 있었다. 그래서 짐은 그가 얼마나 남의 말을 흘려듣는지 시험해보기로 했다.

어느 날 아침 그 남자가 짐에게 전화를 해서는 늘 하던 대로 말을 시작했다.

"안녕하세요, 잘 지내시죠?"

짐은 이렇게 이야기했다.

"그런데, 내가 폐암에 걸렸다네."

"참 잘되었네요, 그런데……."

짐은 자신의 추측이 맞았다는 확증을 얻을 수 있었다.

데일 카네기는 1,500만 부나 팔린 그의 저서 《카네기 인간관계론 How to win friends and influence people》이란 책에서 이 점을 아주 적절하게 언급했다.

'남의 관심을 끌려면, 남에게 관심을 가져라.'

카네기는 또한 이렇게 덧붙였다.

"상대방이 대답하기 좋아하는 질문을 하라. 그들 자신이 이룩한 성취에 대하여 말하도록 하라. 당신과 대담하고 있는 상대방은 당신이나 당신의 문제보다는 자신의 희망이나 자신의 문제에 백배나 더 관심이 많다는 사실을 명심해라. 사람은 본래 100만 명을 희생시킨 중국의 기근보다 자신의 치통이 더 중요한 법이다. 아프리카에서 발생하는 40번의 지진보다 자신의 목전의 이익을 더 소중하게 여긴다. 대화를 시작할 때는 이 점을 꼭 명심하라."

● 말 잘하는 사람은 몸짓부터 다르다

보디랭귀지에 대하여 특별히 연구한 적은 없기 때문에, 그 문제에 대하여 내가 최고의 권위가 있다고 생각지는 않는다. 그러나 성공적인 대화를 위해 보디랭귀지 가운데 꼭 알아야 할 한 가지 원칙이 있다. 상대방과 눈을 맞추는 것이다.

얘기를 시작하거나 끝낼 때뿐만 아니라 당신이 말하거나 듣는 동안 상대방과 눈을 맞추면, 어느 자리 어떤 경우에서나 또는 상대방이 누구든, 당신은 성공적인 화자가 될 수 있다. 내 경우에는 대화 상대를 주시하고 있다는 점을 강조하기 위하여, 대담 도중 몸을 약간 앞으로 기울인다.

앞에도 말했지만, 핵심은 상대의 말을 경청하는 것이다. 정말 상대방이 하는 말을 잘 들으려고 시도해본다면, 정면으로 상대의 얼굴을 쳐다보는 것이 생각보다 훨씬 쉽다는 사실을 깨닫게 될 것이다. 사실 주의 깊게 상대의 말을 듣고 있으면 거기에 어울리는 보디랭귀지는 자연히 그때그때 나온다. 주제나 사람에게 관심을 표하기 위해 고개를 끄덕일 수도 있고, 동정을 나타내거나 믿기지 않은 일이 있을 때는 고개를 약간 좌우로 흔들 수도 있다. 그러나 그런 느낌이 들 때만 그렇게 해라. 책에서 본 대로 그냥 고개를 위아래로 끄덕이기만 해서는 안 된다.

이 문제에 대해 한 가지 더 알아야 할 것은, 말할 때 자주 상대방과 눈을 맞추는 것이 중요하지만 그렇다고 상대의 눈을 계속해서 뚫어지게 볼 필요는 없다. 많은 사람들이 그것을 불편해하고 당신역시 불편하다. 상대방이 말을 하거나 당신이 질문할 때 눈맞춤을하라. 당신이 말을 할 때는 때때로 시선을 다른 곳으로 돌리는 것도괜찮다. 하지만 그 자리에 아무도 없는 것처럼 허공을 응시하지는마라. 그리고 파티석상에서 좀 더 재미있는 사람을 찾고 있는 듯이상대의 어깨 너머로 시선을 보내서는 안 된다.

내 생각에는 보디랭귀지는 말로 하는 언어와 마찬가지다. 그것은대화와 의사소통의 자연스러운 일부분이다. 몸짓이 자연스럽게 나올 때, 그것은 의사소통을 아주 효과적으로 해준다. 하지만 일부러꾸미려고 할 때는 곧바로 거짓으로 들통이 난다.

로렌스 올리비에 경™같은 목소리로 말하는 것은 아주 근사한 일이다. 하지만 내가 왕립 셰익스피어 극단원 같은 목소리를 흉내 내면서 쇼에 나타난다면 웃음거리가 될 것이다. 게다가 한마디를 발음하면서 동시에 다음 말을 어떻게 발음해야 할 것인지 궁리하느라 쇼는 엉망이 될 것이고, 아마도 방송국에서 쫓겨날 게 뻔하다.

보디랭귀지도 이와 같다. 권위와 관심을 끌 수 있는 자세들을 설명한 여러 가지 책들은 얼마든지 읽어볼 수 있다. 그러나 당신이 부자연스러운 포즈를 연출한다면, 당신 스스로 불편할 뿐 아니라 꼴불견이 된다. 또한 그 때문에 당신이 불편해보이면, 틀림없이 대화에 불성실하다는 인상을 남기기 쉽다.

대화 도중에 나오는 몸짓은 그것 자체가 말과 같다. 자연스럽게, 마음에서 우러나오는 대로 말하라. 보디랭귀지는 제 스스로 나오도록 놔두고, 당신은 현재 말을 얼마나 잘하고 있는가 하는 것만을 염려하라는 것이다.

● '선을 넘는 말'은 하지도 마라

지난 세대에 금기로 여겼던 것에 대한 걱정은 이제 거의 할 필요가 없게 되었다. 지금은 말에 대한 터부가 대부분 사라졌고 더 이상 터

부라는 단어를 듣기도 어렵다.

대화 주제로 금기시 되었던 목록 역시 아주 짧아졌고, 이제는 금기라는 말만 남은 것 같다. 과거에는 거실에서 결코 언급할 수 없었던 소재들이, 지금은 라디오나 텔레비전 토크쇼에서 앞다투어 다루어지고 있다.

"종교나 정치에 관해서는 절대 언급하지 말라."는 옛말이 있었다. 당신이 그 말을 마지막으로 들은 것은 언제인가? 지금은 오히려 그것에 관한 언급을 즐기고 있다.

하지만 아직까지 매우 개인적이거나 너무 감정적이어서 언급을 피하는 게 상책인 몇 가지 주제가 남아 있다. 완전히 개방된 대화에서조차 "그래, 당신 월급은 얼마입니까?"라는 질문은 하지 않는다. 그리고 잘 알지 못하는 사람에게 "당신은 낙태를 어떻게 생각해요?"라고 묻는다면, 안전핀 뽑힌 수류탄을 받을지도 모른다.

그러한 금기들을 깨려고 할 때는, 상대방과 자신이 개인적으로 얼마나 친밀한지를 꼭 고려해야 한다. 친한 친구하고는 월급 얘기를 꺼낼 수도 있고, 수년간 서로 알고 지내온 사람들끼리는 낙태에 대해 매우 솔직한 말을 할 수도 있을 것이다. 그러나 대체로 적절히 처리하기 바란다. 당신과 대화를 나누고 있는 사람이 금기로 여기는 주제에 대하여 편안해할 것이라고 함부로 속단하지 말라.

요즘 같은 문화 환경에서 말을 잘하기 위해 또 한 가지 필요한 일은, 각종 정보를 많이 얻는 것이다. 21세기를 살면서 커뮤니케이션의 폭발적인 증가로 사람들은 세상이 어떻게 돌아가고 있는지를 예전보다 훨씬 많이 알고 있다.

따라서 성공적인 화자가 되기 위해서는 사람들 마음속에 있는 것, '그들이 저녁 뉴스에서 이제 막 보았던 화제들'을 언급할 수 있어야 한다. 요즘에는 당신의 말과 사람들의 관심 사항이 서로 연결되어야 하는 것이다. 사람들은 뉴스나 아침 신문에서 보았던 것들에 관심이 대단히 많기 때문이다. 오늘날 성공적인 사교 대화의 키워드는 현실과의 관련성이다.

대화의 제1규칙은 '경청'이다

훌륭한 화자가 되기 위해서는 먼저 훌륭한 청자가 되어야 한다. 상
대의 말을 주의 깊게 들으면 내가 말할 차례가 됐을 때 더 잘 응대
할 수 있고, 말을 더 잘할 수 있다. 상대방이 한 말에 대하여 적절하
게 응대할 수 있는 능력은 곧 뛰어난 대담자들의 기본 태도이다.

사람들 대부분은 말할 때 수줍어한다

말하기 전에 주눅 들 필요는 없다. 오히려 당신 스스로가 자신을 드
러내며 대화를 즐긴다고 생각할 때, 상대도 그 대화를 좀 더 즐길
수 있다. 또한 당신과 말하고 있는 상대도 어쩌면 꼭 당신만큼 수줍
어한다는 사실을 기억한다면, 수줍음을 떨쳐버리는 데 커다란 힘이
된다.

편안한 분위기는 어색함을 없앤다

처음 만나는 누군가와 말할 때의 어색함은 상대를 편안하게 해주는
방법으로 해소시킬 수 있다. 상대방에 관한 질문을 해보라. 그러면
당신에게도 말할 소재가 생길 것이며, 상대방은 당신을 매력적인
상대로 생각할 것이다. 왜냐하면 사람들은 자신에 관한 얘기를 듣
기 좋아하기 때문이다.

CHAPTER 4

여럿이 있을 때
먹히는 대화법

● 사람들 많은 곳에서는 1:1로 공략한다

대화를 위한 사교 모임은 친구들과 어울려 저녁을 같이하는 것처럼 작고 편안한 모임에서 워싱턴의 칵테일파티처럼 대단한 사람들이 모이는 자리까지 그 범위가 아주 다양하다. 결혼식과 성인식 같은 행사는 그 중간에 해당될 것이다.

　나에게 칵테일파티는 쉽지 않은 도전이다. 나는 한 사람씩 대화할 때 가장 편안함을 느낀다. 하지만 칵테일파티에는 약간 위압적인 분위기가 흐르고 많은 사람이 모여 있어 소란스럽기 마련이다. 나는 술을 마시지 않고 음료수도 크게 즐기는 편이 아니기 때문에 손에 잔을 들고 있는 경우는 드물다. 남들이 모두 잔을 들고 있을 때 빈손으로 있기란 여간 어색한 일이 아니다. 그래서 팔짱을 끼는 버릇이 있다. 나로서는 편해서 그렇게 하는 것이지만 다른 사람에게는 내가 상대를 경계하고 있는 것으로 오해를 할 수도 있다.

이런 자리에서는 모임의 규모에 위축되지 말고, 일대일로 대화를 나눌 만한 상대를 찾아보는 것이 좋다. 주위에서 일어나는 여러 가지 일에 흥미를 나타내는 사람과 얘기를 하는 것도 좋고, 이미 재미있게 대화를 나누고 있는 그룹에 슬며시 합류하는 것도 괜찮다.

한 가지 기억해둘 것은 한자리에 오래 머물지 않도록 하라. 칵테일파티에서 자신을 성공적으로 내보이기 위해서는 여러 사람과 함께 어울리는 것이 중요하다. 그런 파티는 주로 당신이 알고 있는 이웃이나 직장 동료 또는 직장 동료는 아니더라도 같은 분야에서 일하는 사람들이 참석할 것이다. 따라서 그런 모임에 참석할 때는 대화에 필요한 몇 가지 소재를 준비하고 있어야 한다.

가장 좋은 질문이 좋은 대화의 비결

좋은 질문이 좋은 대화의 비결이라는 사실을 명심하라. 나는 모든 일에 호기심이 많기 때문에, 칵테일파티에서도 내가 가장 좋아하는 '왜?'라는 질문을 곧잘 던진다. 어떤 남자가 가족과 함께 다른 도시로 이사할 것이라고 말하면, '왜?'라고 묻고, 어떤 여자가 직업을 바꿀 것이라고 해도 '왜?'라고 묻는다. 또 어떤 이가 메츠 팀을 응원한다고 하면, 역시 '왜?'냐고 물어본다.

텔레비전 쇼에서도 나는 이 단어를 아마 가장 많이 쓸 것이다. 그것은 지금까지 최고의 질문이었고 앞으로도 그럴 것이다. 그러한 질문은 대화에 생기와 흥미를 불어넣는 가장 확실한 방법이다.

대화에서 빠져나오는 방법

지루한 대화가 계속되거나 긴 대화를 끝내고 자리를 이동할 때가 되었다고 느낄 때, 그 자리를 확실히 벗어나는 길은 "실례합니다, 화장실에 좀……."이라고 말하는 것이다. 그런데도 누군가가 붙잡을 때는, 좀 더 다급한 소리로 말한다면 아무도 당신을 잡지 않을 것이다. 그리고 돌아와서 누군가 옆에 있으면 그 사람과 새로운 대화를 시작한다.

또는 주위에 아는 사람이 있으면, "헤이, 스타시. 빌 만나봤어?"라고 하면서 빌을 스타시에게 맡겨버릴 수도 있다. 스타시가 빌에게 악수하는 것을 보면서, "곧 그리로 갈게, 두 사람 할 얘기가 많을 거야."라고 하면 빌도 더 이상 붙잡고 늘어지지는 않을 것이다. 복잡한 칵테일파티에서는 당신이 되돌아가지 않아도 사람들은 신경 쓰지 않는다. 물론 당신의 첫 상대였던 빌이 아주 지겹다면, 스타시가 다음에 당신을 용서하지 않을지도 모른다. 따라서 다음과 같은 방법을 써보는 것도 좋다.

"음식이 아주 맛있군요. 한 번 더 갔다 와야겠어요."

"잠깐 실례해도 될까요? 이 집 주인에게 인사 좀 해야겠는데요."

"그동안 못 만난 친구 좀 봐야겠는데요."

"저, 다른 사람을 좀 더 만나야 되겠는데요. 실례합니다."

하지만 이런 행동들은 자연스럽게 하는 것이 중요하다. 그 자리를 벗어나기 위해 의도적으로 딴 곳을 살피거나 지나치게 미안해할 필요는 없다. 잠깐 숨을 돌리는 순간, 공손하게 인사말을 하고 아주 자연스럽게 자리를 이동한다. 그리고 대화를 서로 충분히 했다고 생각될 때는 그저 "얘기 즐거웠습니다."라고 말하고 자리를 뜨는 것도 충분히 품위 있는 일이다.

● 편안할수록 더 배려한다

내 개인적으로 소규모의 저녁 식사 자리에서 나누는 대화는 언제나 편안하다. 아마 다른 사람들도 그럴 것이다. 보통 그런 자리는 참석자들이 서로 알고 있거나 아니면 무언가 서로 공통점이 있기에 모이는 경우다. 따라서 대화를 시작하기 위해 선택할 수 있는 방법은 많이 있다.

나는 그런 자리에서 대화의 흐름을 주도하길 좋아한다. 물론 혼자 대화를 장악한다는 뜻은 아니고, 오히려 말을 아끼는 편이다. 그저 대화의 흐름을 바로잡아주고, 서로 하고 싶은 이야기를 어울리고 싶은 손님들과 함께 즐기는 것이다. 내가 할 일은 참석자 모두가 그 대화에 관심을 가지도록 배려하는 것이다. 특히 이런 모임에서는 다른 사람이 말하는 것을 잘 경청하는 게 중요하다.

하지만 어찌할 수 없는 경우도 있다. 누군가가 식사 전에 술을 너무 많이 마셨거나, 누군가는 오늘 사무실에서 좋지 않은 일이 있었고, 또 어떤 이는 가족이 심하게 아파서 오늘 밤 모든 대화에 정말로 끼고 싶지 않은 경우도 있다.

이럴 때 가장 배려해야 할 것은, 그들을 대화에 끌어들이지 않고 다른 사람들이 좀 더 많은 말을 하도록 하는 것이다. 또한 그들을 걱정으로부터 잠시 떼어 놓을 가벼운 화제를 찾을 수 있다면, 더욱 도움이 될 것이다.

이런 경우를 제외하면 나는 참석자들이 저녁을 즐길 수 있도록 항상 도와줄 수 있다. 대화의 방향을 제시하는 것은 내 직업을 통해서 오랫동안 배우고 익혀온 기술이다. 설사 당신이 이 방면에 전문가가 아닐지라도, 당신 역시 그렇게 할 수 있다.

● 대화를 독점하지 마라

모든 사람의 공통 화제를 선택하고 대화가 독점되는 것을 막아야
한다.

'만일 ~라면'이라는 주제는 참석자 모두가 자신의 의견을 말할
수 있는 가상적인 질문이다. 정치 같은 무거운 주제보다는 이런 주
제로 대화를 시작하는 것이 더 좋다.

그리고 참석자의 일부만이 전문가로서 참여할 수 있는 주제는 피
해야 한다. 그렇지 않으면 다른 비전문가들은 입을 다물 것이다. 그
명백한 보기가 직장 얘기다. 만일 디너파티에 참석한 네 쌍의 부부
가운데 네 명이 같은 회사에 근무하고 있으며 자신들의 사무실 업
무에 관한 이야기를 시작한다고 했을 때, 그 회사의 일상 업무에 대
해 전혀 알지 못하는 나머지 네 명의 배우자들은 지극히 지루할 것
이다.

다른 사람의 의견도 물어봐라

그저 자신의 의견만을 말하지 말고, 대신 주위에 있는 다른 사람들
의 의견을 요청하라. 그러면 당신은 대화를 잘하는 사람으로 기억
될 것이다. 평생 그렇게 해온 전 미국 국무장관인 헨리 키신저는 이

점에 있어 위대한 사람이다. 그 자신이 전문가인 주제에 대해서조차 그는 몸을 돌려 주위 사람에게 "당신 생각은 어떠세요?"라고 묻는다.

가장 수줍어하는 사람을 도와줘라

언제나 대화에 참여하고 있는 주위 사람들, 특히 대화에 잘 끼지 않으려는 사람들을 주시해야 한다. 만일 왼쪽에 앉은 사람은 수줍어하고 오른쪽 사람은 외향적이고 열정적이라면, 왼쪽 사람에게 특히 신경을 써야 한다. 다른 사람이 말하고 있는 내용에 대해서도 그의 동의를 구하듯이 왼쪽 사람에게 고개를 끄덕이면서, 키신저가 하던 방법을 응용해본다. "당신 생각은 어떠세요?"라고 물으면 그 수줍어하는 사람도 어느덧 대화에 참여하게 된다.

또 다른 방법은 그 사람이 말할 수밖에 없는 주제를 선택하는 것이다. 만일 대화가 교육에 관한 것이라면, "그러고 보니, 댁의 따님도 워싱턴 고등학교에 다니죠. 학교생활은 잘 하나요?"라고 물어볼 수도 있다.

혼자만 오래 얘기하는 것은 최악이다

사교 대화에서 치명적인 위험은 혼자서 대화를 너무 오랫동안 독점하는 것이다. 사람들은 당신이 말을 잘한다고 생각하다가도 어느 순간 지루함을 느끼는 법이다. 토론 방송처럼 상대에게도 당신만큼 말할 기회를 주어야 한다.

그리고 이야기의 세밀한 부분까지 시시콜콜 관여하여 혼자서 다 마무리 지을 필요는 없다. 사람들은 "간단히 말하자면……."이라고 한 다음 길게 말하는 버릇이 있다. 상대의 그 말을 들을 때는 긴 얘기를 들을 준비를 해야겠지만 당신의 얘기는 짧게 하라. 대화 모임에 사람이 많으면 많을수록, 얘기는 짧게 하는 것이 좋다.

말을 많이 하는 것은 듣는 사람들에게 좋은 인상을 주지 못한다. 길게 말하는 것은 당신이 쌓아 올린 좋은 인상을 나쁘게 만든다. 말을 지나치게 많이 하는 사람은 그 대가로 자신의 신뢰를 잃게 된다. 현명한 사람이라면, '무대를 떠날 때를 알아라.'라는 쇼 비즈니스의 오래된 충고를 따를 것이다.

상대방을 문초하지 마라

리셉션이나 저녁 식사 또는 작은 모임에서 명심해야 할 것은 당신이 지금 책을 쓰고 있는 것이 아니란 사실이다. 당신과 대화를 나누고 있는 사람이나 대화에 올라온 모든 경험들을 다 알아야 할 필요는 없다.

저녁 식사 자리에서 기껏해야 한두 시간 이야기하는 것뿐이다. 혼자 계속해서 떠들 필요가 없듯이, 대화의 이것저것을 다 물어볼 필요도 없다. 식사가 끝난 다음 그에 관한 시험을 보는 것도 아니다.

하지만 정반대의 경우도 역시 좋지 않다. 말을 지나치게 짧게 하면, 사람들은 당신이 어딘지 어둡거나 불친절한 사람으로 생각할 수도 있다.

논쟁거리를 던져라

'만일 ~라면'이라는 질문은 사교적인 자리나 약간 침체된 분위기에서 대화를 시작하는 데 빠져서는 안 될 좋은 방법이다.

"만일 북한이 UN의 핵 사찰을 계속 거부한다면, 또 다른 한국전쟁이 일어날까요?"

"베리 스위처가 댈러스 카우보이의 신임 코치가 되었습니다. 만일 2년 연속 나쁜 성적이 나온다면, 제리 존스가 그를 해고할까요?"

"당신이 꿈에 그리던 집을 캘리포니아에 지었는데 과학자들이 그 지역이 지진대라고 발표한다면, 당신은 이사 가시겠습니까?"

'만일 ~라면'이라는 질문은 이처럼 끝이 없다. 사람들이 뉴스를 보고 마음속에 담고 있는 것은 무엇이든 질문 소재가 될 수 있다.

도덕적이고 철학적인 질문들은 논쟁하기를 좋아하는 사람들에게 매우 효과적이다. 그러나 가장 좋은 질문은 세대, 교육, 사회적인 신

분을 뛰어넘어 모든 사람이 관심을 보이는 것이다.

디너파티에서 내가 자주 하는 질문이 있다.

> 당신은 지금 친한 친구와 단 둘이 섬에 있다. 그는 암으로 죽어가
> 고 있다. 임종이 가까워지자 친구가 "은행에 10만 달러를 저축해
> 두었네. 내가 죽으면 그 돈으로 내 아들을 의대에 보내주게."라는
> 유언을 남겼다. 그러나 친구의 아들은 의대에 갈 생각은 추호도
> 없고 그 돈을 단 몇 달 새에 낭비해버릴 플레이보이다. 하지만 당
> 신 아들은 대학에 입학하여 의사가 되겠다는 불타는 의지를 갖고
> 있다. 이때 당신은 그 돈을 누구에게 주겠는가?

나는 예일대학 총장부터 세인트루이스 카디널스의 스물두 살 신
인 선수까지 모든 사람들에게 이 질문을 했다. 거의 모든 사람들이
서로 다른 의견을 제시했고 나름대로 모두 타당성이 있었다. 어느
때는 이 한 가지 주제로 저녁 시간이 끝나버릴 때도 있다.

이 세상에서 가장 머리 좋은 사람들, 남녀 모두 지능이 상위 2%
이내로 구성된 멘사Mensa 클럽은 회원들이 이러한 질문들을 고려해
보는 것을 좋아한다. 왜냐하면 그들은 인간으로서 우리가 살아가는
동안 도덕적인 관점에서 이런 일들을 좀 더 생각해보고 토론해볼
수 있는 좋은 기회라고 생각하기 때문이다.

그 가운데 다음 2가지 실례가 있다.

지금 네 명의 광부가 광산에 갇혀 있다. 그들은 하나뿐인 탈출구를 통하여 지상으로 탈출을 시도하고 있다. 그들은 탈출구 상단부에 몰려 있다. 그러나 맨 위에 있는 사람이 구멍을 빠져나가다 뚱뚱하여 몸이 반 정도 그 탈출 구멍에 걸리고 말았다. 그 밑에 있는 세 사람은 공기가 희박하여 점점 숨이 막혀온다. 이 순간 어떻게 해야 할까? 뚱뚱한 사람을 죽여서 끌어내려야 할까? 아니면, 자신들이 그 아래서 질식해 죽을지도 모르는데, 계속해서 그 남자가 빠져나가는 것을 도와주어야 할까? 과연 누가 살아야 하는가? 그 한 사람인가, 아니면 나머지 세 사람인가?

투명인간이 될 수 있는 능력을 부여받은 사람도 일반적인 도덕기준에 따라야 하는 걸까? 만일 투명인간이 된다면 엄청난 힘을 얻을 것이다. 어쩌면 세계를 지배할 수도 있다. 만일 당신이 그런 능력을 부여받는다면, 당신은 그 힘으로 무엇을 하겠는가?

두 번째 예시가 토론 주제로 정해졌을 때, 나는 멘사 모임에 있었다. 많은 사람들이 십계명은 물론 일반적인 도덕규범까지 따르겠다고 말했다. 하지만 전부는 아니었다. 한 남자는 자신의 투명 능력을 이용하여 비즈니스 협상 테이블에 앉았다가 자신에게 엄청난 부를 안겨줄 주식에 투자하겠다고 했다. 어떤 회원은 경마장 기수들 틈을 어슬렁거리면서 될 수 있는 한 많은 정보를 얻은 다음 경마에 돈 뭉치를 걸겠다고 했다. 또 다른 사람들도 그와 비슷한 계획을 꾸밀 것이라는 데 동의했다.

이런 예를 통하여 당신은 '만일 ~라면'이라는 철학적인 질문이 무엇인지 이해했을 것이다. 그렇다면 이제부터 당신 스스로 혼자 해보라. 남이 이미 해놓은 리스트를 참조해보겠다는 생각은 버려라.

대화가 올바른 방향으로 흘러간다면, '만일 ~라면'이라는 질문은 잊어버리는 게 좋다. 왜 그런 질문이 필요하겠는가? 하지만 대화가 삐걱거리고 그 자리가 아주 어색해질 때는 분위기를 살리기 위한 수단으로 이와 같은 질문을 이용해보라.

하지만 이런 질문들이 대화의 분위기를 반전시키지 못할 때도 있다. 물론 좋은 질문을 했을 때는 그런 일이 일어나지 않는다. 그러나 거기 모인 사람들이 이제 막 수도원을 벗어나 당신이 말하고자 하는 주제를 한 번도 들어본 적이 없거나, 그중 어떤 일이 참석한 사람 가운데 실제로 일어나 가볍게 취급할 수 없는 경우를 가정해보라(그 사람의 아버지가 실제로 광산에 갇혔다고 가정해보라. 대화할 때 이런 불운은 가끔 일어난다).

그렇다고 성급해하지 마라. 이런 가상적인 물음이 대화를 살리지 못한 경우에는 계속해서 그 주제를 고수할 필요가 없다. 이때 최선의 방책은 완전히 다른 가상의 질문을 하거나 그도 아니면 주제를 바꾸는 것이다. 그것도 안 되면, 포기하는 것도 괜찮다. 그리고 다른 자리로 옮겨 다른 대화를 시도하여 분위기를 바꾸는 것이 좋다.

원하는 분위기를 미리 만들어라

초대 손님을 즐겁게 해줄 줄 아는 경험 많은 호스트는 가구 배치나 꽃의 색깔을 배열하여 저녁 모임을 거의 예술적으로 만든다. 나는 화훼 전문가도 아니고 인테리어 디자이너도 아니지만, CNN의 〈래리 킹 라이브〉 세트를 어떻게 꾸몄는지 그리고 그 쇼가 TV 화면에 왜 그렇게 비치는지 그 이유는 설명할 수 있다.

초대 손님과 내가 앉아 대담을 나누는 워싱턴의 세트는 애틀란타의 CNN 전속 디자이너가 고안했다. 그것은 편안하고 친밀한 느낌을 주었다. 그리고 효과적이었다. 나는 그 세트의 탁자에 앉을 때마다 그런 기분을 느끼고 대부분의 초대 손님들도 그렇다고 했다. 탁자엔 꽃도 없고, 위압적인 워싱턴 전경을 찍은 사진도 없었다. 그저 탁자와 초대 손님 뒤쪽 벽에 세계지도가 한 장 있을 뿐이었다. 그것은 이 세상의 모든 곳을 찾아가겠다는 뜻이며, 바로 CNN이 추구하는 것이었다.

이처럼 세트의 디자인은 시청자들이 느끼길 바라는 어떤 드라마와 흥분을 함축적으로 보여준다. 시청자들이 그렇게 느낄 때, 그들은 채널을 고정시키고 다음 날 밤 9시에도 그 방송을 다시 시청해 왔던 것이다.

그 세트는 이 세상의 모든 곳을 커버한다는 느낌을 강조하기 위해 지도를 크게 확대한 것 이외에는, 1985년 방송을 시작한 이후 방송이 끝날 때까지 똑같았다. 가끔 뉴욕에서 대담을 진행할 때도 있었는데, 워싱턴의 세트와 뉴욕 세트의 유일한 차이점은 배경뿐이다. 뉴욕에서는 시청자들이 초대 손님 뒤로 저녁 맨해튼의 스카이라인을 볼 수 있었다. 그 밖의 모든 점은 크기가 약간 작은 것을 빼면 똑같았다.

내 쇼의 초대 손님들은 그 세트가 친숙하다고 자주 말했다. 자신들이 언젠가 있었던 곳 같다고 했다. 게다가 한 사람 이상의 출연자가 초대될 때는, 자리가 좁아 출연자들이 가까이 앉는 수밖에 없었다. 그러나 그런 가까움이 더욱 친밀한 분위기를 유도하여 출연자들과 나는 공개적인 자리에서 개인적인 대화를 할 수 있었으며, 시청자들 역시 그 대담에 같이 참여하는 느낌을 받았다. 불행히도 당신의 개인적인 디너 파티를 〈래리 킹 라이브〉 세트에서 할 수는 없다. 하지만 필요할 경우, 그런 디자인의 예를 차용해볼 수는 있을 것이다.

첫째, 당신의 초대 손님이 편안한 감정을 느끼면 되는 것이지, 그 모임 장소가 환상적이거나 드라마틱할 필요는 없다. 아름다운 정원이 있어도 오늘밤 기온이 40도로 예상된다면 야외에서 저녁을 대접하지는 마라.

둘째, 사람들이 가까이 앉도록 배려해라. 저녁 식사할 사람은 네 사람인데 열두 사람이 앉을 수 있는 큰 식탁을 사용하지 마라. 현재 식탁이 하나뿐이라면, 그것은 뷔페용 식탁으로 사용하고 음식은 거실에서 자기 무릎 위에 올려놓고 먹는 것이 더 좋다. 사람이 듬성듬성 비어 있는 식탁에서 식사하는 것보다 더 어색한 것은 없다.

● 질문으로 유혹하라

처음 만나는 이성 간의 대화가 가장 어려울 수도 있다. 적어도 내 경우는 그렇다.

이성 간에 말을 붙이는 방식이 내가 자랄 때와 지금은 많이 다르다. 그 시절 칵테일파티에서는 한 남성이 여성에게 다가가, "당신처럼 아름다운 여성을 이런 데서 뵙게 될 줄은 몰랐어요."라거나 "그동안 어디 계셨다가 지금에야 제 앞에 나타나셨죠?" 아니면 "우리 전에 한번 만난 적 있나요?"라고 말했다.

이제는 그래봐야 더 이상 소용이 없다. 사실 그런 말은 이제 케케

묵은 수법이다. 만일 당신이 그런 상투적인 수법을 쓴다면 라운지를 어슬렁거리는 건달 취급을 당할지도 모른다.

이것은 물론 단순히 남성만의 문제는 아니다. 여성 역시 남성에게 말을 건네는 것은 쉽지 않다. 사실 여성이 더 어렵다, 왜냐하면 여성이 남성에게 접근하는 것은 오랫동안 금기였기 때문이다. 차 한잔 마시는 자리에서 몇 마디 대화를 주고받는 것이야 상관없었지만, 독신 여성이 매력 있다고 생각되는 남성에게 넌지시 말을 건네는 것은, 좋게 보면 '적극적'이지만 나쁘게 생각하면 '끼가 있는' 여자로 취급되기 십상이었다.

하지만 이런 금기사항은 모두 과거가 되었다. 이제 남자가 여자에게 전화하려고 했으나 안 되었을 때 더 이상 전화를 다시 할 필요도 없다. 만일 여자가 사무실 밖에 있거나 연락이 안 되었을 때도, 여자가 마음만 먹으면 언제 어디서나 심지어는 샌프란시스코로 가는 비행기 안에서도 남자에게 전화할 수 있다. 뿐만 아니라 여자가 마음에 드는 남자를 발견했을 때 그녀 쪽에서 먼저 말을 건넬 수도 있다. 이런 변화 때문에, 요즘에는 여성도 남성만큼 대화를 어떻게 시작하느냐 하는 점을 고민한다.

아더 가드프레이가 했던 말 "네 자신을 꾸미지 말라."는 충고가 이런 경우에 가장 어울릴지 모른다. 난생 처음 보는 이성끼리의 대화법에 대한 나의 제안은 그저 솔직해지라는 것이다.

내 경우에 솔직해진다는 것은, "난 이런 일에 정말 익숙지 않습니다. 이제 막 만난 여성과는 어떻게 이야기를 시작해야 할지 잘 모르겠어요. 하지만 당신과는 잠시 얘기를 나누고 싶군요. 제 이름은 래리 킹입니다."라고 말하는 것이다.

만일 그 여성이 응대해준다면 대화는 시작되는 것이고, 그렇지 않다면 그녀와의 대화는 잘되지 않을 것이기 때문에 그 자리를 벗어나는 것이 좋다.

아니면 이런 방법도 좋을 것 같다. 어떤 조그마한 사적인 만찬에서 한 여성을 만났다고 가정해보자. 나는 이렇게 말했을 것이다.

"요즘엔 남자가 여자에게 말을 붙이는 특별한 방법 같은 것 없는 것 같아요. 예전에 남자가 처음 만난 여자에게 했던 상투적인 말들을 몇 가지 기억할 수는 있지만 그런 말들이 지금은 맞지 않는군요. 내가 당신과 대화를 나누려면 어떻게 시작해야 할까요?"

솔직하게 당신 마음을 보여주면 다음 단계로 나가는 데도 도움이 된다. 그 사람이 무엇에 대해 흥미를 가지고 있는지를 알 수 있고, 당신도 그 대화를 계속할지 말아야 할지 판단하는 데 도움이 된다.

"모든 사람이 메넨데즈 사건의 판결에 관하여 한마디씩 하던데, 당신의 의견은 무엇입니까?"

"이쪽으로 오는 자동차 속에서 들으니 주식시장의 지수가 오늘

58포인트나 떨어졌다고 들었습니다. 1987년 10월 같은 일이 또 일어날까요?"

이런 종류의 질문에는 2가지 목적이 있다. 첫째는 서로 자기소개가 끝난 다음 후속 대화를 위한 화제를 제공하는 것이고, 둘째는 상대방의 흥미와 지적인 능력을 가늠해보는 것이다.

당신과 대화하다 남자가 첫 번째 질문에 대하여 "저는 그 판결을 듣고 충격을 받았습니다."라고 대답한다면, 그 사람은 현재 그 사건을 알고 있고 이 대화를 끝까지 유지할 수 있으며 당신과도 어떤 공통점이 있다는 것을 의미하는 것이다. 그러나 그가 "아, 저는 그 일에 대해서는 잘 모릅니다."라고 말한다면, 그가 당신과는 반대쪽에 있다는 뜻이기 때문에 당신의 사고방식과 좀 더 가까운 다른 사람을 찾아보아야 한다.

또는 당신과 대화하다 여자가 주식시장에 관한 질문을 받고 "오늘 〈월스트리트저널〉에 그 기사가 났던데요."라고 말한다면, 두 사람의 대화는 시작된 것이다. 하지만 그녀가 "전 그런 일에 전혀 관심 없어요. 너무 지루해요."라고 말한다면, 그녀는 그 일에 흥미가 없을 뿐 아니라 당신까지 지루한 사람으로 생각할지 모른다.

사람을 만났을 때 특히 남녀 간의 대화에 관한 나의 충고는, 가능하면 대화 초기에 상대에 대해서 많은 것을 파악하라는 것이다. 당신

의 관심 있는 분야를 당신의 스타일로 말해보라. 당신이 위트가 있고
농담을 좋아한다면 그녀도 그런지 확인해보라. 당신이 진지한 대화
를 좋아한다면 상대도 그런지 살펴보라. 당신이 정치, 스포츠, 영화
등을 좋아한다면 상대방 또한 그러한지 확인해보아야 할 것이다.

만일 상대가 당신의 관심 있는 주제에 흥미가 없다면, 정중하게
양해를 구하고 자리를 옮겨라. 그 자리에 참석한 사람 중에는 당신
과 좀 더 재미있게 대화를 나눌 누군가가 있을 것이다.

●● 공감만으로도 충분할 때가 있다

결혼식이나 성인식, 생일 파티나 휴일 모임에서의 대화 분위기는
대개 편안하다. 그런 자리에 모인 사람들은 대부분 서로 알고 있으
며, 결혼식장에서 사진을 찍기 위해 기다리는 지루한 시간을 제외
하면 그런 자리는 불편하지 않다. 처음 보는 사람들끼리도 이런 자
리에서의 대화 소재는 얼마든지 있다.

"신부를 아세요? 저는 신부의 오랜 친구인데, 신랑은 오늘 처음
봐요. 신부가 멋지고 가족들도 얼마나 좋은지 몰라요."

이런 식으로 하면 신부나 신랑에 대해서만 30분 정도 얘기할 수
있다. 당신과 얘기를 나누고 있는 사람도 마찬가지일 것이다. 이제

당신과 상대방은 각자 30분씩, 1시간은 이야기할 수 있다.

"혹시 그들이 어디로 신혼여행을 가는지 알고 계세요?"

만일 당신이나 상대방이 그곳에 가본 적이 있다면, 또 다른 30분이 소요될 것이다.

하지만 장례식장에서 말하기는 쉽지 않다. 장례식장은 사교 대화에 있어 가장 어려운 장소 중의 하나이다. 상가에서 유족들에게 말을 건넬 때 내가 지키는 기본규칙이 있다. '장황하게 말하지 말라.'

장례식장에서 가장 빈번하게 듣는 말 가운데 하나는 "지금 심정이 어떠하신지 압니다."라는 말이다. 그러나 나는 2가지 이유 때문에 이 표현을 쓰지 않는다.

첫째, 고인이 자연사한 경우엔 열두 살이 넘은 사람이라면 누구나 가족 가운데 그런 일을 당할 수 있는 것이다. 유족들은 이미 자신들이 어떤 기분인지를 우리가 잘 안다는 사실을 인지하고 있다. 그것을 다시 확인시킬 필요는 없다.

둘째, 만일 그 죽음이 전혀 뜻밖이거나 충격적인 다른 원인으로 인한 것이라면, 그들의 심정을 우리는 도무지 알 수 없다.

비슷한 표현으로 "이것은 엄청난 비극입니다." 또는 "상심이 크겠습니다."라는 말은 유족의 슬픔의 크기를 당신이 짐작할 수 있다는 뜻이나 사실 그럴 수는 없다. 무조건 비통해하는 것보다 차라리 공감할 수 있는 말을 하는 게 낫다. 상가에 가면 나는 유족들에게 고인과 나의 소중했던 추억을 곧잘 말한다.

"저는 그때를 결코 잊지 못할 겁니다. 존이 뉴욕에서 집에 막 도착한 다음 비가 매우 퍼붓고 있는데도 금요일 밤 저를 병문안 왔었지요."

만일 유족들을 잘 알고 지낸 경우라면 재미있었던 추억을 회상하는 것도 괜찮다.

"플리츠가 누구보다도 뛰어난 조크를 구사했던 것 아시죠?"

그런 자리에 꼭 필요한 것은 딱딱하지 않은 한마디이며, 고인과 당신 사이에 있었던 지극히 개인적인 추억들이다. 유족들이 모르는 그런 것들을 전해주는 것도 뜻깊은 일이다.

고인을 개인적으로 모르는 경우에는 그분의 업적이나 자기 분야에서 얼마나 존경을 받았는지, 가족끼리 얼마나 화목했는지 등을 잠깐 언급할 수도 있다. 이런 상황에 적절히 대처하기 위해 상담원을 찾을 필요는 없다. 당신이 슬픔에 빠진 유족이라면 무엇을 듣고 싶은지 생각해보라. 대개 간단한 말이 최고다. 솔직히 이런 자리에서 유족들은 당신이 얼마나 얘기를 잘하는 사람인지 신경 쓰지 않는다. "정말 유감입니다. 우리 모두 고인을 잊지 못할 겁니다."라고 진지하게 말하는 것으로 충분하다.

장례식에서 조사弔使를 하게 되더라도, 고려해야 할 사항은 똑같다. 나는 이 분야의 전문가는 아니지만, 내 자신의 경험을 들려줄 수는 있겠다.

1993년 11월, 나의 절친한 친구이자 에이전트였던 밥 울프가 갑작스럽게 타계했다. 그는 좋은 사람이었기에 그의 고객이 된다는 것은 곧 그의 친구가 되는 것이었다. 그와 그의 재주 많은 딸, 스테이시 울프는 언제나 성실하고 정중하게 그리고 유머를 구사하며 나를 위해 오랫동안 일을 해왔다. 그들은 다른 고객들 래리 버드, 칼 야스트렘스키, 지인 샤이트, 펫 엑슬렘도 같은 방식으로 대했다. 우리들 모두는 밥이 워싱턴에서 나의 60번째 생일 파티 사회를 보고 난 며칠 뒤인 어느 가을 오후, 플로리다에서 조용히 영면했다는 충격적인 소식을 믿을 수 없었다.

스테이시가 내게 자기 아버지의 장례식장에서 조사를 해줄 다섯 명 중 하나가 되어 달라고 요청했을 때, 나는 영광스러운 동시에 불안했다. 조사를 하는 것은 영광이었지만 무슨 말을 할까 생각하니 막막했다. 자리가 자리인 만큼 조사를 할 사람들은 그 자리에 어울리는 소재를 정확한 단어로 표현하고자 무척 조심했다. 나는 이번에도 내 직감에 따르기로 했다. 그것은 자연스럽게 말하는 것이었다.

나는 마지막 연사였다. 다른 네 사람도 다 잘했고, 드디어 내 차례가 되었다. 그것은 내 생애 가장 어려운 연설이었다. 사실 그것은 연설이 아니었다. 다만 나와 똑같은 슬픔을 겪고 있는 다른 사람과 더불어 그 느낌과 추억을 함께 나누는 것이었다.

나는 친구가 누워 있는 꽉 닫힌 관 앞에 서 있었다. 그 순간이 고통스러웠다. 하지만 그때 스테이시와 그의 가족들 그리고 이 자리에 참석한 다른 사람들 역시 그럴 것이라는 사실을 깨달았다. 그래서 말을 하기 시작했다.

"밥의 고객들 가운데 래리가 두 사람 있는데 래리 버드가 그 하나이고 나머지 한 사람은 바로 저입니다. 래리 버드와 제가 동시에 밥의 사무실을 찾아갔다면, 그는 누굴 먼저 맞아줄지 맞춰보십시오."

그 말에 사람들은 그날 처음으로 웃었는데, 그것은 유머도 유머지만 그 순간 긴장이 풀어지는 데서 오는 것이었다. 나는 그 자리에 모인 사람들이 웃고 싶어 한다는 것을 알았다. 밥은 행복한 사람이었다. 그는 주위 사람들과 어울리는 것을 좋아했고, 그들과 웃는 것을 좋아했다. 그래서 나는 말을 계속 이어갔다.

"밥은 사진 찍기를 정말 좋아했죠. 그는 항상 무언가를 찍고 있었어요. 멜 브룩스의 영화에서 2천 년 전의 세계에서 온 사람이 인류 역사상 가장 위대한 발명은 액체 프렐과 사란 섬유 포장지라고 했지요. 그러나 여러분이 같은 질문을 밥에게 한다면, 그는 아마 '24시간 내에 사진을 현상하는 기술'이라 했을 겁니다."

그 유머에 사람들은 다시 한 번 편안해졌다. 내 직감은 옳았고 장례식에 모인 다른 사람들도 밥에 관한 언급은 적절했다고 느꼈다.

장례와 같은 어려운 상황에서는 자신의 직감에 따르라는 충고를 하고 싶다. 무엇을 말해야 하고, 무엇을 말하지 말아야 할 것인지 일러줄 것이다. 만일 다른 사람들이 고인과 관련된 특별한 회상이나 고인의 말을 듣고 싶어 한다면 그렇게 해도 괜찮다. 한마디 덧붙이면, 어떤 말이 갑자기 생각났으나 혹시 그 말이 잘못된 방향으로 가지 않을까 하는 염려가 된다면 그 말은 하지 않는 게 좋다.

밥의 장례식에서 조사를 한다는 것이 매우 어려운 일임을 알았지만, 다른 사람 역시 그러했으리라. 그러나 우리 다섯은 모두 같은 이유 때문에 조사를 했다. 왜냐하면 그렇게 하는 것이 친구로서 옳은 일이고 떠나는 친구에게 찬사를 보내는 최후의 방법이기 때문이다.

결국 밤샘하고 장례를 지내는 것은 모두 이런 일을 위한 것이다. 누구도 이 일을 좋아하지 않지만, 고인을 사랑했고 해야 할 일이기에 모두 이 자리에 있는 것이다. 래리 킹의 연설을 듣기 위해 밥 울프의 장례식에 오는 사람은 아무도 없었다. 우리들 모두는 고인이 된 밥에게 최고의 작별인사를 하기 위해 온 것이었다.

이는 당신이 어떤 장례식의 연사로 초대되었을 때, 내가 해줄 수 있는 충고이다. 사람들은 당신의 말을 듣기 위해 오지 않았다. 그들도 당신처럼 고인을 애도하고 고인과 얽힌 삶 속의 추억을 나누기 위해 왔다는 사실을 기억하라. 고인에게는 존경과 애정을 표시하고 그 가족들에게는 같이 슬퍼하고 있다는 점을 보여주어라. 말은 간단히 하라. 그리고 한두 번의 가벼운 유머는 괜찮을 것이다.

유명 인사도 보통 사람처럼 대한다

보통 사람들이 유명 인사와 말하는 것은 또 다른 문제이다. 어떤 유명인이 아무리 소탈할지라도 우리는 그 명성에 주눅 들기 쉽다. 따라서 주의를 기울이지 않으면 자신도 모르게 난처해질 수 있다. 많은 영화배우, TV 탤런트, 운동선수 그리고 다른 유명인들은 보통 사람들이 자신도 모르게 자기들에게 어떤 실수를 했는지를 가끔 이야기하곤 했다.

대표적인 예가 "제가 아주 꼬마였을 때부터 당신 팬이었습니다."라는 말이다. 야구 선수들은 동료끼리 서로 장난칠 때 이 말을 자주 한다. "아빠가 당신 플레이를 보여주기 위해 저를 데리고 다녔죠." 당신의 뜻은 그게 아니겠지만, 이런 말들은 유명인에게 당신은 늙었다고 말하는 것과 같다.

"저도 어쩌면 메이저리그 야구 선수(아니면 영화배우 또는 소설가 등)가 될 수 있었다고 생각해요."라고 하는 것도 마찬가지다. 이 말은 상대방이 이룬 성취를 하찮은 것으로 만들 뿐 아니라 누구나 그와 같은 일은 할 수 있다고 암시하는 것이다.

나는 내 쇼에 출연한 거의 모든 분야의 유명인들과 대담을 나누있는데, 확언하건대 그들도 보통 사람들만큼 일상적인 내화를 즐긴다. 따라서 그들을 유명인이 아니라 보통 사람처럼 대하는 것이 좋다. 그들도 우리처럼 싫고 좋은 게 있고 감정이 있다. 나는 그들을 보통 사람처럼 대함으로써, 그들을 대화에 끌어들이는 데 언제나 성공해왔다.

또 유명인과의 대화에서 저지르는 가장 일반적인 실수는 그들이 자신의 직업 분야 이외에는 아무것도 모른다고 생각하는 것이다. 그러나 영화계나 스포츠계에도 많은 사람들이 아주 다양한 분야에 관심을 가지고 활동하고 있으며, 지적이고 교육받은 박식한 사람들도 많이 있다. 하지만 그들은 오로지 연기나 스포츠에 관한 질문만 받는다.

만일 당신이 그 유명인의 직업이 아닌 '과외적인' 흥미에 대하여 물어본다면, 그는 자신의 직업에 대해 말할 때보다 훨씬 더 자유롭게 말한다는 사실을 알게 될 것이다. 예를 들어 우디 앨런에게 뉴욕의 닉스 농구팀에 대해 물어보거나, 폴 뉴먼에게 아동 구호활동에 대해 물어보라.

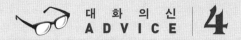

대 화 의 신
ADVICE | 4

좋은 대화를 위해서는 가장 좋은 질문을 해라

좋은 질문이 좋은 대화의 비결이라는 사실을 명심하라. 모든 대화
에서 '왜?'라는 질문은 대화를 이어나가게 만들며 서로에게 이야깃
거리를 제공한다. 그것은 말하자면 최고의 질문이자, 대화에 생기
와 흥미를 불어넣는 가장 확실한 방법이다.

여러 사람이 있을 때 대화를 독점하지 마라

말을 많이 하는 것은 듣는 사람들에게 좋은 인상을 주지 못한다. 길
게 말하는 것은 당신이 쌓아 올린 좋은 인상을 나쁘게 만든다. 말을
지나치게 많이 하는 사람은 그 대가로 신뢰를 잃게 된다. 현명한 사
람이라면, '무대를 떠날 때'를 알아야 한다.

난생 처음 보는 이성에게는 솔직하게 접근하라

처음 만나는 이성에게 말을 걸 때는 의미 없고 과장된 말을 하지 말
고, 솔직하게 나를 드러내라. 그리고 가능하면 대화 초기에 상대에
대해서 많은 것을 파악할 수 있는 질문을 던져라. 당신이 관심 있는
분야를 당신의 스타일로 말하면, 그 대답에 따라 상대방이 자신과
맞는 사람인지 판단할 수 있다.

CHAPTER 5

막힌 일도 쉽게 풀리는
결정적 대화법

성공한 사람들의 3가지 말하기 원칙

정확한 수치를 알 수는 없지만 우리의 일상 대화 중 절반 정도는 직업상 하는 말일 것이다. 나는 본래 방송인이고 사업가는 아니지만, 수많은 사업상의 회의에서 연사로서, 일원으로서, 때로는 회의를 주재하는 의장으로서 참석해본 경험이 있다. 그리고 그런 자리에서 만난 최고 경영자들에게서 들은 얘기 가운데는 당신에게 도움이 될 만한 것도 많이 있다.

내 생각에 사업에서 성공한 사람들은 모두 말을 잘하는 사람들이었다. 그리고 그 사실이 그리 놀라운 일이 아니다. 나의 경험과 성공한 사업가로부터 들은 것을 토대로 대화법의 기본 3가지를 소개한다.

1) 사교적 대화에서 지켜야 할 기본 원칙들이 사업상의 대화에서도 그대로 적용된다. 곧바로 마음을 열어라. 그리고 말을 잘하고 싶으면, 먼저 상대방의 말을 경청하라.

2) 만일 같은 분야에 종사하고 있는 사람과 말하는 경우라면, 그 분야의 전문용어에 상대방도 익숙할 것이다. 하지만 그런 경우에도 당신의 뜻을 분명히 표현해야 한다. 만일 상대가 당신의 분야에 종사하는 사람이 아니라면, 그 사람에게는 당신이 쓰는 전문용어가 생소할 것이라는 사실을 전제해야 한다. 따라서 그럴 때는 보통 사람들이 흔히 쓰는 단어로 말해야 한다.

3) 시간은 돈이다. 특히 상대방의 시간을 허비해서는 안 된다. 단둘이 점심을 같이하면서 줄곧 골프나 야구 이야기로 시간을 허비하다가, 마지막 5분을 남기고 서둘러 본론으로 들어가려 하지 마라. 다른 사람은 빨리 본론으로 들어가려는데, 당신의 개인적인 얘기를 길게 끌어서는 안 된다.

세 번째 지침에 대해서는 약간의 설명이 더 필요하다. 지금 당신이 중요한 계약 건을 위해서 사무실을 막 나서려고 할 때 전화벨이 울렸다고 하자. 당신 친구 중에는 수화기를 들기만 하면 적어도 25분을 끄는 사람이 있는데, 마침 그 전화가 그 친구한테서 온 것이라면 전화를 받고 싶겠는가? 또 다른 경우를 보자. 당신이 사장실로 불려갔는데 그가 한 5분 정도 말을 이리저리 돌리면서 용건을 꺼내지 않았을 때, 당신 심정은 그야말로 어떠하겠는가?

따라서 상대방 역시 그런 처지로 만들지 마라. 당신이 말하고자 하는 용건이 무엇인지 밝혀라. 그리고 동료끼리 사무실에서 격의 없는 얘기를 하든, 형식을 갖춘 본격적인 회의를 하든, 언제나 그 상황에 맞게 준비를 해라. 말하고자 하는 안건에 대해 미리 생각해보고, 그 자리에서 얻고자 하는 목적이 무엇인지 분명히 하라. 그리고 상대방이 제기할 만한 질문이 무엇일지 미리 생각해보고, 그 질문에 대해 답을 어떻게 해야 상대를 설득할 수 있을지도 궁리해두어라.

나아가 상대가 알고 싶어 하는 것이 무엇인지 또 알아야 할 것은 무엇인지를 항상 염두에 두어라. 우리에게 모두 같은 상황이 발생할 수도 있다. 예를 들면, 당신이 회사 간부로서 지난 달 매출액이 얼마였는지 부하 직원에게 숫자를 뽑아보라고 했다고 치자. 이때 그 부하 직원에게 회사의 내년도 판매 전략을 일일이 설명할 필요는 없다. 그건 그 부하의 시간뿐만 아니라 당신의 시간도 낭비하는 것이다.

물론 모든 일에 입을 다물고 있어야 한다는 뜻은 아니다. 부하 직원들의 사기를 높이고 업무의 효율성을 진작시키는 데 가장 효과적인 방법 가운데 하나는 그들에게 회사가 어떻게 돌아가고 있는지 알려주는 것이다. 하지만 부하 직원들에게 소속감을 부여하고 업무

의욕을 높이기 위해 회사 사정을 알려주어야 할 자리는 따로 있다. 모든 사람을 만날 때마다 모든 것을 설명해줄 필요는 없다. 시간을 물어보는 사람에게 시계가 어떻게 작동하는지 그 원리를 설명해줄 필요는 없다는 것이다. 그것은 불평만을 자아낼 뿐이다.

● ● '특징'이 아닌 '장점'을 말하라

세상 사람들 누구나 무언가를 판매한다. 직업에 종사한다는 것은 곧 자신의 경험이나 교육적 배경 그리고 자기 자신을 판매하는 일이다. 이 책을 읽고 있는 당신도 자신을 좀 더 좋은 가격에 팔기 위해서 이 책을 읽고 있는지 모른다.

어떤 종류의 판매든지 판매 상담에서 성공하는 사람들은 해야 할 일과 해서는 안 될 일이 무엇인지를 알고, 또 그것에 따라 행동한다. 따라서 당신이 어떤 제품이나 용역을 판매하고자 한다면, 바로 그 제품이나 용역에 대해서 누구에게나 설명해줄 수 있을 만큼 잘 알고 있어야 한다. 그리고 그것을 팔기 위해서는 어떤 방법이 통하고 어떤 방법은 통하지 않는다는 것도 터득하고 있어야 한다. 이런 점들을 터득할 수 있는 유일한 길은 같은 분야에 종사하는 사람들과 이야기를 나누거나 아니면 그들의 경험에 관한 책을 읽음으로써 그들의 경험을 자신의 것으로 만드는 수밖에 없다.

영업에 성공한 사람들이 자신들의 성공 비결로 한결같이 제시하는 것은 바로 이 점이다. 미국에서 최고 갑부 중 한 사람인 잭 켄트 쿠크는 열네 살이 되었을 때, 이미 그런 비결을 깨달았다고 했다. 그의 재산은 추정하기 어렵지만 대략 6억~10억 달러 사이에 이르렀다. 그는 뉴욕의 크라이슬러 빌딩을 소유하고 있으며 워싱턴 레드스킨즈 풋볼 팀의 구단주이기도 했다.

나는 워싱턴의 한 식당에서 그와 점심을 함께한 적이 있었다. 그때 그는 자신이 맨 처음 무엇을 어떻게 팔았는지 말해주었다. 대공황이 일어나서 모든 사람들에게 돈 한 푼 없었던 시절, 잭은 캐나다에 사는 어린 소년이었다. 당시엔 경제가 몹시 어려웠던 만큼 장사를 시작해서 성공을 꿈꾸는 사람은 아무도 없었다. 잭의 집에는 전화요금 2달러 50센트를 내라는 청구서가 날아들었지만, 집에 돈이라고는 없었다.

그래서 꼬마 잭이 나섰다. 잭은 이 집 저 집을 다니면서 백과사전을 팔아보기로 했다. 출판사에서는 책을 보내면서 책을 어떻게 해야 잘 팔 수 있는지 판매 요령도 같이 일러주었다. 하지만 열네 살짜리 소년은 나름대로 생각과 자신감도 있었기 때문에 출판사에서 일러준 판매 방법을 무시했다. 자신의 인간적 매력과 설득력으로 책을 팔 수 있다고 확신했던 것이다.

잭 켄트 쿠크를 아는 사람은 누구든 그가 분명 매력적이며 설득력이 뛰어난 사람이라는 사실을 알 것이다. 하지만 그것만으로 물건을 팔 수 있는 건 아니었다. 특히 열네 살짜리 어린 소년에게는 그것 외에 다른 무언가도 있어야 했다.

당연히 판매원으로서 그의 첫 출발은 실패로 끝났다. 작은 가게를 운영하던 피커링이라는 사람에게 백과사전을 팔아보려고 했으나, 상대는 들은 척도 하지 않았다. 그때서야 잭은 비로소 판매 지침서를 들여다보기 시작했다. 한자리에 앉아서 2시간 동안 꼼짝도 않고 그것을 아주 꼼꼼히 읽었다.

그 지침서를 독파한 다음, 두 번째 고객을 찾았는데 드디어 판매원으로서 첫 번째 성공을 맛보았다. 판매 지침서에 적힌 대로 함으로써 그 사람에게 책을 팔 수 있었던 것이다. "책을 어디로 보내드릴까요?"라는 말로 그는 첫 거래를 마무리 지었다.

그 뒤, 그는 피커링 씨를 다시 찾아갔고 이번에는 처음 찾아갔을 때와 반대의 결과를 얻었다. 그 역시 그 책을 사고야 만 것이다. 그날이 저물 즈음, 잭이 집으로 달려가 어머니 손에 쥐어준 돈은, 전화 요금을 내기 위해 필요했던 2달러 50센트는 웃어넘길 정도로 큰 액수인 24달러 50센트였다.

잭은 말했다.

"내 인생에서 가장 자랑스러운 순간은 바로 그때였어요. 우리 구단이 슈퍼볼에서 우승했을 때도 그토록 자랑스럽지는 않았죠."

그는 판매에 있어서 2가지 기본적인 원칙을 지켰기 때문에 성공할 수 있었다.

첫째, 당신이 팔려고 하는 제품에 대해서 소상하게 파악하라. 그리고 거래 하나가 끝났는데도, 계속해서 또 무언가를 팔려고 하지 마라. 책을 어디로 보낼 것인지 물음으로써 잭은 이 2가지 원칙을 실천에 옮겼다. 그는 거래를 성사시켰고 신속하게 그 건을 마무리 지었던 것이다.

판매를 위한 화술에서 지켜야 할 점이 또 하나 있다. 그것은 제품의 '특징'을 팔려고 하는 것이 아니라, 그 '장점'을 팔아야 한다는 것이다.

토스트 기계를 팔면서 빵이 구워지는 정도를 균일하게 유지하기 위해서 무슨 마이크로칩이 들어갔느니 어쩌니 설명하지 마라. 대신 김이 모락모락 나는 커피 한 잔과 노랗게 잘 구워진 빵으로 차려진 근사한 아침 식탁을 이야기하라. 보험료가 어떻고 거기 가입하면 어떤 부수적인 혜택이 따라오는지 일일이 설명하지 말고, 보험에 가입함으로써 그 가정의 경제적 미래가 보장되고 따라서 부인과 자녀들이 느끼게 될 안도감을 전달하라.

● '나'를 팔아라

당신이 팔려고 내놓은 물건 중 가장 중요한 것은 바로 당신 자신이다. 따라서 무엇보다 자신을 내놓을 때 제대로 된 태도를 가져야 한다. 당신 자신을 팔아야 하는 경우는 비단 취업 면접 시에만 국한되는 것은 아니다.

사내에서 승진을 앞두고 업무를 수행한다든지, 외부인사와 일을 하면서 그들에게 당신 자신을 매력 있는 사람으로 보이게 하는 일 등이 당신을 파는 일에 해당한다. 그리고 그 모든 일을 통하여 직업적인 경력을 쌓을 수 있고 경제적인 수입도 증대시킬 수 있다.

사업이나 직장생활을 하는 사람들은 누구나 일생을 통하여 적어도 대여섯 번은 이런 과정을 거친다. 나 또한 마찬가지로 그런 과정을 몇 번 거치면서 4가지 원칙을 갖게 되었다. '나'를 시장에 내놓았을 때 이 원칙을 고수함으로써 많은 도움을 받았고, 당신에게도 도움이 되리라 생각한다.

1) 당신을 고용하려는 사람들에게 그들을 위하여 당신이 해줄 수 있는 일이 무엇인지 보여줘라.
2) 항상 열린 태도를 유지하라.

3) 항상 준비하라.

4) 무언가를 물어보라.

그럼, 이제부터 이 4가지를 하나하나 살펴보자.

상대를 위해 할 수 있는 걸 말해라

케네디의 표현을 빌려 말하면, 고용주가 당신에게 무엇을 해줄 것
인지 묻지 말고 당신이 그를 위해서 무엇을 해줄 수 있는지 물어라.

면접하는 사람들에게 이미 이력서에 적힌 당신의 이력을 되풀이
해서 말하지 마라. 그들은 이미 다 알고 있다. 이력을 밝히는 대신,
당신이 다른 사람보다 그 일을 어떻게 더 잘할 수 있는지를 말하라.
당신을 채용함으로써 사장에게 어떤 이득이 돌아가는지 설명하라.

다시 말하면, 당신의 특징을 말하지 말고 당신의 장점을 이야기
하라. 해당 분야에서 지금껏 익혀온 당신의 지식과 기술을 말하는
것이 바로 장점을 설명하는 것이다. 무엇을 할 줄 아는지, 어떤 일에
전문가인지, 그리고 그 분야에서 어떤 사람들과 접촉하고 있는지를
말하는 것이다.

열린 자세는 가능성을 만든다

이는 지금까지 여러 번 말했지만 다시 한 번 강조해도 지나치지 않

을 것이다. 개방된 태도는 사교를 위한 것이든 일을 위한 것이든 성공하려는 사람이라면 누구나 갖추어야 할 자질이다. 취업 면접이라고 해서 너무 긴장하게 되면 마음을 터놓지 못하는 경우가 있다.

취업 면접에서 중요한 것은 당신이 당신의 일에 열의를 가지고 있음을 보여주는 것이다. 면접에서 그러한 열의를 보여주는 지원자는 드물다. 하지만 면접을 성공적으로 끝낸 입장에서 보면, 그 관문을 통과할 수 있었던 유일한 까닭이 바로 그 열의에 있었음을 깨닫게 되는 경우가 많다.

내가 아는 사람 중에 워싱턴의 한 회사에서 섭외 담당 이사로 일하던 사람이 있었다. 그가 입사할 때 사장과 면접을 했는데, 나중에 사장이 면접 당시 그에게서 몇 가지 두드러진 점이 있었다고 했다.

"다음 3가지가 인상 깊었어요. 당신은 먼저 그 일자리를 원한다는 점을 분명하게 말했고, 그 자리에 대한 강한 열의를 보여주었고, 또 그 일을 성공적으로 해낼 만한 경험을 갖추었다는 점을 확실하게 말했지요. 즉, 당신은 우리와 게임을 할 필요가 없었다는 거죠."

나와 알고 지내는 영화 제작자 한 사람이 비서를 구하기 위해 신문에 광고를 냈다. 서류 처리 능력에 필요한 몇 가지 조건들을 열거한 다음 그 광고는 다음과 같은 문구로 끝났다.

"이 일을 중요하게 생각해야 함."

지원자가 많았는데 그중 한 사람만이 면접 끝에 이렇게 말했다.

"그런데 말이죠, 제게는 이 일이 너무 중요합니다."

물론 그 사람이 그 일자리를 얻었다.

마이애미에서 난생 처음 방송국에 일자리를 얻게 되었을 때의 내 경험도 그와 비슷하다. 그때 나는 방송 경험이 전혀 없는 애송이였다. 결과는 어찌 되었는가? 무엇보다 내게는 그 일을 해보겠다는 열의가 있었다. 그 방송국의 사장이 간파한 것은 바로 나의 열정이었다. 그리하여 이 젊은 친구가 전망도 있어 보이고 채용하면, 그 값은 하리라고 판단했을 것이다. 그 일이 벌써 50여 년 전이다. 그가 아무런 경험도 없었던 나를 고용해준 덕분에 지금까지 나는 이 일에 종사하고 있다.

대답하기 힘든 문제일수록 더 대비하라

당신 자신에 대해 어떤 점을 말할 것인지 그 요점을 정리하라. 나아가 그것들을 종이에 적어두고 면접 전에 여러 번 훑어보라. 특히 대답하기 어려운 문제일수록 피하려 하면 안 된다. 오히려 그런 문제들을 종이에 적어보고 어떤 식으로 답해야 좋을지 깊이 생각해봐야 한다. 예를 들어, 지난 7년 사이에 직장을 세 번이나 바꾸었다면, 왜 그랬느냐는 질문이 당연히 나올 것이다.

또한 면접에 만전을 기하고자 한다면, 예행연습을 한 번쯤 해보는 것도 괜찮을 것이다. 누군가에게 고용주 역을 맡아 달라고 부탁하고 그로 하여금 당신을 '면접'하게 해보라. 이때 실제와 마찬가지로 옷차림과 태도를 똑같이 해야 한다. 이러한 사전 연습은 큰 효과가 있고, 일자리를 잡는 데도 크게 도움이 된다.

똑똑하게 질문하라

지금까지도 그래왔지만, 이 책에서는 앞으로도 계속해서 질문의 중요성이 강조될 것이다. 취업 면접이든 지하철에서 옆 사람과 대화를 나누든, 묻는 일은 대화의 필수 요소다. 상대에게 물어봄으로써 당신은 그만큼 배울 수가 있다. 취업 면접에서도, 회사 측에서 당신에 대해 알고 싶어 하는 만큼 당신도 그 회사에 대해 알고 싶은 것이 많이 있을 것이다.

면접은 장래의 직장 및 상사에 관하여 감을 잡을 수 있는 좋은 기회다. 그뿐만 아니라 회사 측으로서는 면접 현장에서 지적인 질문을 하는 당신을 눈여겨보게 될 것이다.

좋은 질문을 던짐으로써 당신은 다음과 같은 2가지 사실을 효과적으로 보여줄 수 있게 된다. 즉, 당신은 어떤 상황에도 준비가 되어 있다는 점과 그 일자리를 매우 중요하게 생각하고 있다는 점이다.

미네아폴리스에 있는 맥케이 봉투회사의 회장이자 대표이사인 하비 맥케이는 성공하는 비결에 관한 여러 권의 베스트셀러를 저술하여 명성을 떨친 바 있다. 그가 처음 쓴 책《상어 떼와 동행하라,

하지만 산 채로 잡아먹히지는 마라》Swim with the Sharks without Being Eaten Alive》
가 엄청난 성공을 거두었기 때문에, 내가 맡은 라디오와 TV 쇼에 그
는 여러 번 출연하였다. 1993년에는 세 번째 베스트셀러를 내놓았
는데 그 책의 제목은《상어 잡는 법: 현대의 냉혹한 취업 시장에서
원하는 일자리를 얻어서 버티어 나가려면》Sharkproof : Get Job You want, Keep
the Job You Love》이었다.

그 책에서 맥케이는 취업 면접에서 질문을 잘하는 일이 매우 중
요하다고 말하면서, 어떤 종류의 질문을 해야 할지에 관해서 몇 가
지 중요한 점을 조언했다. 예를 들면 어떤 회사든지 자기 회사의 장
점에 관하여 누군가 물어주기를 원한다는 것이다. 따라서 당신이
그 회사가 자랑스럽게 생각하는 점과 관련하여 긍정적인 질문을 던
질 수 있다면, 당신은 이미 그 회사와 같은 배를 타고 있음을 보여
주는 것과 마찬가지다.

그 회사가 그 업계의 주요 업체 가운데 하나라면, 그 회사가 이룩
한 업적에 대해 물어보라. 하비는 그 점을 이렇게 지적했다.

"성공한 것이 겸손 덕택이라고 생각하지 않는 것은 성공한 사람
들이나 성공한 회사나 마찬가지이다."

반면에 그 회사가 경쟁에 뒤처져 있고 앞선 회사들을 따라잡느라
분주하다면, 다음과 같은 식으로 물어보는 것이 좋다.

"이 분야의 선두 주자 가운데 어떤 회사를 모델로 삼고 계신지

요? 그 회사를 따라잡을 어떤 계획을 가지고 계십니까?”

하비 역시 상대방의 말을 경청하는 일이 중요하다고 강조한다. 일단 무언가를 물어봤으면, 그 '대답에 귀를 기울이라'고 말한다. 즉 어떤 대답이 나올지에 관해서는 관심 없이 당신 자신의 질문에만 도취해 있다는 인상을 주어서는 안 된다는 것이다.

● 스펙보다는 열정

일자리를 구하는 입장이 아니라 사람을 채용하는 입장에서도 지금까지 언급한 몇 가지 점들은 중요하다. 열린 자세, 일에 대한 열의, 관심 그리고 질문하는 자세 등은 지원자가 갖추어야 할 소양이자 채용하는 사람들도 지니고 있어야 할 사항들이다.

객관적으로 어떤 자격증을 소지하고 있는지 그 한 가지에만 주의를 집중해서는 안 된다. 그 사람의 내면에 있는 것을 끌어낼 수 있어야 한다. 그 지원자가 열의를 가지고 있는가? 그 일에 관심은 있는가? 지원자가 만일 수줍어하거나 심리적 압박감을 느끼는 것 같으면, 먼저 그의 말문을 터주어라.

이력서에 홍콩에 산 적이 있거나 서커스에서 일한 경력 등이 나와 있으면, 그 점에 대해 물어보라. 이것은 지원자의 말문을 트이게 하는 데 아주 효과적인 방법이다. 일단 그렇게 말문을 열고 나면, 업무에 관한 이야기도 부드럽게 할 수 있을 것이다.

개방된 자세와 열의는 주고받는 것이라는 사실을 명심해야 한다. 고용인의 입장에서도 그 일자리와 당신 자신에 대해서도 숨기려 하지 마라. 만일 당신 자신이 회사에 열의를 보이지 않는다면, 누가 그런 회사에서 일하고 싶어 하겠는가?

● 상사를 간파하라, 말은 그다음이다

자, 이제 취직은 되었다. 이제부터는 어떻게 말해야 할까? 어떤 상황이나 누구를 만나든지, 말하기 방법이 똑같다면 얼마나 좋을까? 하지만 세상은 그렇게 굴러가지 않는다. 상사에게 말할 때와 동료나 부하에게 말할 때는 달라야 한다. 그것이 인간의 본성을 따르는 것이다. 상사는 동료가 아니다.

군대에서 동료 소위와 말하듯이 사단장에게 똑같이 말하는 사람은 없다. 만일 당신의 상사가 매일 대하는 중대장이라면 사단장을 대할 때보다는 훨씬 친근하고 격식을 덜 갖춘 형식으로 말해도 될 것이다.

상사에게는 상대를 높이는 방식으로 말하는 것이 마땅하다. 상사에게 말할 때 우리 모두는 그 사실을 의식한다. 그리고 그때 말하는 방식은 단어뿐만 아니라 말투와 태도까지도 달라진다.

그러나 상대가 상사라고 해서 굽실거려야 할 필요는 없다. 나도 CNN 창립자인 테드 터너와 이야기할 때 그렇게 하지는 않는다. 저 자세로 아첨할 필요는 없다. 만일 그렇게 한다면 오히려 당신을 대수롭지 않게 여길 것이다.

어떤 직장에서든 상사를 여러 가지로 이해할 수 있으면 도움이 될 것이다. 여기서 이해한다는 것은 '퇴근 후에 술이나 한잔' 하는 식으로 어울리는 정도를 뜻하는 것이 아니다. 직장에서 당신의 위상이 어떠한지를 아는 것이 도움이 되듯이, 상사에 대해서도 그런 점들을 알 수 있다면 당신에게 큰 도움이 된다. 당신 자신에 대해 알아야 할 점은 당신의 역할, 회사에 대한 기여도, 당신의 장점과 단점, 스스로 향상시켜야 할 부분, 처리해야 할 일의 우선순위 등이다.

당신의 상사에 관해서도 바로 이런 점들을 파악하려고 노력하라. 이는 상사들을 겪어본 나의 경험으로부터 나온 것이다. 일이 잘되고 있을 때는, 상사에게 말을 어떻게 해야 할지 걱정할 필요가 없다. 하지만 일이 뭔가 잘못되었을 때는, 그 잘못된 무언가가 문제이다. 그런 때에 의지할 수 있는 것은 오로지 당신의 본능뿐이다.

당신 자신을 완전히 개방하고 상사에게 가서 솔직하게 말하라.

"저 좀 도와주십시오."

이때 상사가 실망할까봐 두려워하는 모습은 보이지 마라. 그 대신에 다음과 같은 방식으로 당신이 처한 곤경을 토로하라.

"제가 맡은 일을 좀 더 잘할 수도 있을 것 같은데, 구체적인 방법이 떠오르지 않아서요. 어디를 먼저 손대야 할지 좀 알려주십시오."
"이 일을 어떻게 진행해야 할지 잘 이해가 안 되는데요. 맨 먼저 밟아야 할 순서가 무엇인지 알려주시면 도움이 되겠습니다."

당신의 상사가 편집증이 있거나 바보가 아닌 한, 이런 식으로 도움을 요청한다면 문제에서 쉽게 벗어날 수 있다. 불행히도 상사가 그런 사람이라면, 어떻게 접근해도 마찬가지다. 그때는 차라리 다른 회사에 자리가 있는지 알아보는 것이 현명하다. 문제는 당신에게 있는 것이 아니라 상사 쪽에 있기 때문이다.

● 명확하게 지시하고 아낌없이 칭찬하라

부하 직원에게 말할 때는 아주 간단한 원칙 하나만 지키면 된다. 상사가 당신을 대할 때 당신이 원했던 바로 그 방식대로 부하를 대하라.
대기업에서 가끔 공식적으로 직원들의 업무 평가를 한다. 이때 직원들에게 자신들의 업무와 그 목표가 무엇인지를 확실히 알려준다. 좀 더 작은 규모의 회사라면 이런 과정이 비공식적으로 이루어질 수도 있을 것이다. 하지만 공식적이든 비공식적이든 그러한 평가의 목적은 똑같다. 즉, 부하 직원과 정기적으로 업무와 관련된 대화를 통해 그들이 해야 할 일이 무엇인지, 그들이 업무를 수행하는 데에 부족한 면은 무엇인지, 나아가 그들이 앞으로 어떤 점에 좀 더 치중해야 할지 등을 부서장으로서 말해주어야 하는 것이다.

인사관리 업무를 맡고 있는 사람에게 물어보면, 이 모든 평가 과정 역시 쌍방향으로 이루어져야 한다고 대답한다. 다시 말하면 당신이 부하 직원에 대해 말하는 동시에 그들이 당신에 대해 말하는 점을 당신 또한 귀 기울여야 한다. 즉, 그 부서의 전반적인 활동의 강점과 취약점, 그 안에서 당신의 역할, 그리고 부서가 잘 돌아가게 하기 위해서 당신이 해야 할 일 등에 관하여 부하 직원의 의견을 참고할 수 있어야 한다.

부하 직원들과 정기적으로 만나 업무 평가 회의를 갖는 것은, 그들과 의사를 소통하기 위한 여러 방식 가운데 하나에 지나지 않는다. 따라서 6개월에 한 번씩 그런 자리를 갖는 것만으로는 만족할 만한 효과를 거둘 수 없다. 하루하루 일을 처리하는 가운데 그들이 맡은 일을 어떻게 처리하고 있는지 점검하고 당신의 생각을 전하도록 하라. 지시를 내릴 때는 최대한 명확하게 하라. 만일 어떤 업무에서 시간이 중요 변수라면, 바로 그 점을 그들에게 분명히 인지시켜야 한다. 그리고 그들의 입장에서 이해되지 않은 점이 있으면 거리낌 없이 물을 수 있도록 분위기를 조성하라.

잘된 일에는 칭찬을 아끼지 말고, 무언가 불만스럽다면 그 사실 또한 그들에게 일려주어라. 대립을 피한다고 해서 문제가 저절로 사라지거나 해결되지 않는다. 해야 할 말을 일주일이나 미루다가 혈압이 머리끝까지 치밀어 오른 다음 폭발시켜서는 안 된다. 이 점을 간과했다가는 단순히 그 직원 한 사람뿐만 아니라 당신 밑에서 일하는 모두와의 관계가 멀어지고 말 것이다.

부하 직원과 게임을 하지 마라. 예를 들어 어떤 사람에게 불만을 가지고 있을 때 그 사람에게 직접 말하지 않고 다른 부하 직원에게 말함으로써, 다른 사람을 의사 전달 통로로 이용하는 일 등이 그런 게임에 해당한다. 프로 근성, 진실성, 그리고 배짱을 갖추지 않고는 성공할 수 없다.

● 존중하는 만큼 대접받는다

당신을 가장 가까이서 보좌하는 부하 직원을 과거에는 비서 또는 미스 프라이데이Miss Friday. 로빈슨 크루소에 나오는 하인 이름인 '프라이데이'에서 유래한 표현라고 불렀다. 하지만 요즘에는 '어시스턴트^assistant'라는 말이 통용되고 있다. 어떻게 부르던 간에, 그러한 직책을 맡은 사람들은 대부분 해당 부서에서 비밀 병기의 기능을 수행한다.

즉, 그 부서의 전반적인 활동을 서로 연계시켜주는 역할을 맡는 것이다. 그들이 일의 순서를 능률적으로 하여 시간을 절약할 때, 그 효과가 윗사람은 물론이고 그 부서에서 일하는 동료들에게도 도움이 된다.

나의 경우, 내 개인 비서 일을 했던 주디 토마스는 〈래리 킹 라이브〉에서 조연출도 겸하고 있었다. 나와 같이 일을 하는 사람들은 누구나 내 스케줄에 관하여 궁금할 때 맨 먼저 그녀에게 물어야 한다는 것을 알고 있었다. 당신이 나와 직접 통화하려면 일주일 동안 계속해서 다이얼을 돌려야 할지도 모른다. 반면에 그녀를 통하면 웬만한 일은 그녀 선에서 다 처리될 뿐만 아니라, 언제 나와 접촉할 수 있는지도 그녀가 알려줄 것이다. 이 점에 관한 한 그녀를 능가할 사람은 없었다.

주디는 번번이 나더러 이에 관한 책을 한 권 쓰라고 부추겼다. 그리고 책 제목은 '주디에게 전화하세요^Call Judy'라고 붙이라는 것이다. 왜냐하면 누가 전화해서 만나자고 할 때나, 또는 전화로 어떤 결정을 내리려 할 때마다 내가 하는 말이 바로 그 말이기 때문이다.

누군가에게 간단한 정보를 얻고자 한다면, 먼저 그 사람의 비서에게 전화하는 것이 더 좋다. 서류철을 뒤져 무엇을 찾아낸다든가, 또는 빈 시간을 찾아 약속을 해야 할 때, 대개는 비서가 그 본인보다 빠르다. 그 사람에게 물어보았자 결국은 비서를 통해야 알 수 있을 텐데 굳이 그 사람과 통화해야 할 이유가 무엇인가? 비서에게 직접 물어보면 당신, 그 비서, 당신이 접촉하려는 그 사람까지 세 사람의 시간을 절약하게 된다. 그리고 당신이 알고 싶어 하는 정보 역시 훨씬 빨리 알 수 있게 된다.

남의 비서와 이야기할 때는 그 비서의 역량과 지식을 존중하고 있음을 보여주어야 한다. 훌륭한 비서는 어떠한 조직체에서도 귀중한 자산이며 그에 합당한 대접을 받을 자격이 충분히 있다. 뿐만 아니라 비서를 존중해주는 일은 현실적으로도 현명한 일이다. 그를 직업인으로서 존중하고 대우해주면, 그는 그만큼 당신을 기꺼이 도와줄 것이다. 산 하나를 움직이는 것 같은 어려운 일이 그의 도움으로써 해결될 수도 있다.

● 협상 전문가가 알려주는 이기는 대화

많은 재능을 타고난 내 친구 허브 코헨은 협상의 전문가다. 그는 미국에서 가장 큰 기업체들을 대표하여 여러 가지 협상을 하느라 1년

이면 200일은 여행을 다닌다. 《허브 코헨, 협상의 법칙You Negotaite Anything》이라는 그의 책은 〈뉴욕 타임즈〉의 베스트셀러 목록에 9개월 동안 올랐고, 호주에서는 무려 3년 동안 베스트셀러로 군림한 바 있다. 그는 카터 대통령과 레이건 대통령에게 테러리스트를 상대하기 위한 자문을 해주기도 했다. 허브는 협상이 무엇인지 안다.

협상꾼으로서 그가 처음 이룬, 그에게 가장 큰 성공은 우리가 벤스 허스트 중학교 3학년으로서 라파이예트 고등학교로 진학할 준비를 하고 있을 때 찾아왔다.

협상에 관한 진리 하나는 성공의 확률이 아무리 희박하더라도 강자의 입장에서 임하라는 것이다. 이 예가 바로 그렇다. 허브는 그렇게 함으로써 거의 명백한 패배를 승리로 바꾸어 놓았다.

당시 우리 세 사람 허브 코헨, 브릿지 어베이트, 그리고 나에게는 길버트 멜스타인이라는 같은 반 친구가 있었다. 그는 빨강 머리였는데 머리카락이 숱이 하도 굵어서 마치 대걸레moppo처럼 보였기 때문에 모두들 그 친구를 '대걸레'라고 불렀다. 어느 날 우리는 대걸레가 폐결핵에 걸려서 그 식구 모두가 아무에게도 알리지 않고 급히 애리조나로 이사를 간 사실을 알게 되었다. 우리는 학교에 이 사실을 알리기로 하였다. 그런데 허브가 약간의 장난기를 드러냈다. 대걸레가 이사를 갔다고 하지 말고 그가 죽었다고 하자는 것이었다. 그러고는 조의금을 모금하여 그 돈으로 네이던의 가게에 가서

핫도그와 음료를 사 먹자는 것이었다. 네이던의 가게는 당시 우리들의 아지트였다.

그런데 그 음모가 너무 큰 성공을 거둔 것이 탈이었다. 교장실에서 대걸레의 집에 전화를 하여 실제로 전화가 끊겼다는 점을 확인하였다. 그러자 학교에서는 그가 정말 죽은 줄 알고 그를 대대적으로 애도했다. 네이던의 가게에서 대축제를 벌이고도 남을 만한 돈이 쌓인 것이다.

하지만 일은 거기서 끝나지 않았다. 당시 교장 선생님이었던 어비 코헨(성만 같지 허브의 친척은 아니다) 박사가 해마다 뛰어난 학생을 선정하여 수여하도록 '길버트 멜스타인 기념상'을 제정하기로 결정한 것이다. 그런데 그 첫 수상자로 우리가 결정되고 말았다. 죽은 학우를 기리기 위하여 모금 운동을 벌인 것이 선정 이유였다.

하지만 우리는 운이 없었다. 대걸레의 죽음을 애도하는 추도식이 학교에서 벌어지고 있을 때, 그 장본인이 거기에 나타났던 것이다. 코헨 박사가 연단에 서서 그의 추억을 되살리고 또 우리가 행한 선택을 기리고 있는 바로 그 자리, 바로 그 시각에 그 대걸레가 학교 강당의 후문을 통하여 걸어 들어왔다. 병이 거의 나아서 가을 학기에 복학하러 온 것이었다.

허브는 기절초풍하였다. 양손을 모아 입 앞에 스피커처럼 만들고는 팔짝 뛰면서 소리쳤다.

"야, 대걸레! 돌아가! 너는 이미 죽었어!"

이미 낌새를 눈치챈 학생들은 폭소를 터뜨렸다. 하지만 코헨 박사에게는 전혀 즐거운 일이 아니었다. 곧이어 우리는 10대 소년들에게 일어날 수 있는 가장 암담한 순간들을 겪어야만 했다. 하지만 그 결말은 협상의 대성공으로 장식되었다.

"너희 셋은 무기정학이다. 너희는 졸업할 수 없다. 올해도 안 되고, 내년에도 안 되고, 아무튼 어느 때가 되어도…… 내가 지금까지 학교에 있으면서 본 일 중에서 너희들은 가장 비열한 행동을 했다."

브릿지와 내가 가석방의 희망도 없이 감옥에 갇혀 사는 일이 어떨지를 상상하고 있을 때, 허브가 반격의 기회를 포착하였다. 그는 교장 선생님에게 이렇게 말했다.

"잠깐만요, 박사님. 박사님은 지금 커다란 실수를 하는 겁니다."

"뭐라고?"

"박사님이 그렇게 하신다면 박사님 자신의 경력에 큰 손상이 가고 말 것입니다."

"무슨 소리냐?"

"우리가 졸업하지 못한 것은 사실이겠지요. 하지만 박사님 자신은 어떻게 될 것인지 생각해보셨나요?"

그다음에 한 말이 결정타였다.

"우리를 정학에 처하시려면 먼저 공청회를 열어야 하잖아요? 그런데 공청회에서 왜 열세 살짜리 아이 셋이 한 말만을 가지고 누가 죽었다고 믿게 되었는지 따지지 않겠습니까? 박사님이 우리 이야기를 왜 확인하지 않았느냐고 말입니다."

"확인했어."

코헨 박사가 대답했다. 허브는 건방지게도 교장 선생님을 선생님이라 부르지 않고 계속 박사님이라고 부르면서 할 말을 이어갔다.

"그 정도로 확인했다고 할 수 있나요? 박사님은 전화 한 통화를 하셨을 뿐이지요. 그리고 교환원이 그 전화는 끊겼다고 하자, 그것만 가지고 생활기록부에 '사망'이라 표시한 것 아닙니까? 우리 셋은 이미 생활기록부에 줄이 몇 개 있어요. 그런데 그런 애들이 한 말을 전화 한 통화만 가지고 믿습니까?"

그리고 나서 허브는 결론을 내렸다.

"우리는 퇴학당하고 박사님은 실직하게 됐군요."

효과를 높이기 위해 잠깐 멈춘 다음, 허브는 목소리를 낮추어 덧붙였다.

"없던 일로 할 수는 없을까요?"

허브의 협상은 성공이었다. 그의 첫 번째 고객인 우리 셋 모두에게 완벽한 승리를 안겨준 것이다. 코헨 박사는 그 사건을 잊기로 합의했다. 물론 우리는 제대로 졸업했다.

그 사건 이래, 허브는 협상 전문가로서 자신의 경력을 쌓아나갔다. 오늘날 그의 활동 무대가 기업체의 최고위 수준이고 국제적인 것이기는 하지만 일상생활에서 일어나는 협상에 대해서도 그의 조언은 큰 도움이 된다. 예를 들어 은행 대출을 받고자 할 때와 개인적인 수준의 협상에 대해서 그는 《허브 코헨, 협상의 법칙》에서 다음과 같이 말한다.

> 이런 방법을 써보라. 당신이 남자라면 조끼를 포함한 회색 양복을 걸쳐라. 또 여자인 경우에는 보수적 경향의 정장을 입는 것이 좋다. 값비싸 보이는 금시계를 차고, 빌릴 수 있으면 영향력 있는 인사들의 친목회인 파이 베타 카파 클럽의 열쇠고리도 지니고, 당신을 수행하는 세 명의 친구도 같은 옷으로 차려입고 간다. 은행에 가서는 위엄 있는 목소리로 이렇게 말하라.
> "수고들 하십니다. 나는 회사 하나를 경영하고 있는데 지나는 길에 이 은행을 좀 구경하러 왔습니다. 그 돈은 좀 저쪽으로 치울 수 없소? 내게 돈 같은 것은 필요 없으니까 말이오. 나는 그저 저 건너 우체국에 가는 길에 구경 삼아 왔을 뿐이오."
> 이렇게 말하면서 그냥 지나가기만 하라. 그러면 대출부 책임자가 당신을 은행 바깥까지 따라 나와서 당신을 배웅하느라 정신이 없을 것이다.

여기에서 허브의 요지는 말뿐만 아니라 외양과 보디랭귀지에 관해서도 성공한 사람의 분위기를 풍기라는 것이다. 절박해하는 모습을 결코 보이지 마라. 실제로는 그렇지 않더라도 강자의 입장에서 협상하는 것처럼 보임으로써 협상에 우위를 점할 수 있다.

● 어떻게 원하는 답을 얻는가

당신이 임하게 될 협상이 어떤 것이든지, 내 경험에 기초한 한 가지 조언은 밥 울프식으로 말하라는 것이다. 밥 울프가 미국의 영화계, 스포츠계, 언론계 유명 인사들의 에이전트 역할을 맡을 수 있었던 것은 우연이 아니다. 고객들이 그를 찾아오고 그의 상대들조차 그를 존경할 수밖에 없는 까닭은 그의 말속에 성실함과 직업정신, 그리고 유머가 들어 있기 때문이다.

그래서 나는 '내 에이전트 밥 울프'라고 항상 자랑스럽게 말했다. 그럴 때 나는 밥과 같이 존경받는 사람이 나를 대리한다고 말함으로써 나 자신이 높아지는 듯한 느낌을 늘 받게 된다.

밥은 결코 위협을 가하거나 상대를 적대시하지 않았다. 그는 협상에서 상대방을 도덕상의 적으로 보지 않고 존중할 만한 상대로 여겼다. 따라서 그들을 대할 때 말도 그런 방식으로 했다. 래리 버드를 대리하여 보스턴 셀틱스와 협상을 할 때도 '그가 원하는 대로 구단이 지불하지 않는다면 그는 훈련에 참가하지 않을 것'이라는 말을 절대로 하지 않았다. 협박으로 계약을 성사시킬 수 있다고 생각하지 않았으며, 협상 도중에 테이블을 박차고 일어나지도 않았다. 나를 대리하여 테드 터너와 협상하는 경우도 마찬가지였다.

"우리 요구를 들어주지 않으면 오늘 밤 〈래리 킹 라이브〉는 지난번에 방송된 것을 재방송할 수밖에 없을 거요. 왜냐하면 래리 킹이 방송국에 없을 테니까."라는 식으로는 결코 이야기하지 않았다.

물론 이쪽에서도 여러 가지 방법이 있다는 점을 밥은 언제나 분명히 했다. 하지만 그는 결코 상대를 협박하는 식으로는 접근하지 않았다. 그것은 그의 본성에 어긋나고 따라서 그의 방식이 아니었다.

그에게 비싼 대가를 치러야 하는 단기적 승리란 승리에 해당하지 않았다. 그는 내게 "당장 돈 몇 푼을 더 손에 넣으려고 상대방을 아주 멀리하게 된다면, 그쪽과는 다시 계약할 수 없을 것"이라고 강조했다. 그런 승리는 오래가지 못하는 얄팍한 승리밖에 안 된다는 것이다. 허브 코헨도 같은 철학을 가지고 있고, 하비 멕케이도 마찬가지였다.

내 자신의 경험과 많은 전문가들의 대화, 그리고 이들 세 명의 친구를 통하여 얻은 결론은 바로 이것이다. 다음번에도 이길 수 있도록 당신의 방패를 정비해두라. 이 세 명의 성공한 협상가들로부터 배워야 할 점이 바로 그것이다.

그들이 하는 대로 당신이 할 수만 있다면, 그리고 지금까지 설명한 그들의 말하는 방식을 그대로 따라 할 수만 있다면, 당신은 오늘당장 성공할 수 있고 물론 내일도 성공하게 될 것이다.

● 회의에서 휘둘리지 않고 제대로 말하는 법

누구에게나 회의라고 하면 불평할 말이 몇 마디 있을 것이다. 따라서 누군가가 생산적인 회의를 이끌어갈 역할을 맡아야 한다. 여러 사람이 어떤 결정을 내리려 할 때, 또 함께 무슨 일을 이루기 위해 계획을 짜려 할 때, 회의를 잘 운용할 수 있다면 가장 효과적일 것이다. 반면에 회의가 잘못되면 그 자리에 앉은 모든 사람에게 고통만이 따를 뿐이다.

이제부터 회의에 관한 몇 가지 간단한 요점들을 정리해보자.

불필요한 회의는 안 하는 게 낫다

불필요한 회의가 있다면, 가장 좋은 것은 거기에 참석하지 않으면된다. 반드시 참석해야 할 자리가 아니라면 정중하게 양해를 구하고 참석하지 않는 것이 좋다. 또는 그 시간에 하지 않으면 안 되는 일거리를 만드는 것도 괜찮다. 왜냐하면 불필요한 회의만큼 비생산적인 일도 없기 때문이다.

말은 적게 할수록 좋다

일단 그 자리에 참석했다고 하자. 그런데 진행 중인 논의가 당신과는 상관없는 이야기다. 이런 경우 그 대화에 불쑥 끼어들고 싶은 유혹이 있겠지만 참아야 한다. 단순히 주의를 끌기 위해 상관없는 말을 꺼내지 마라.

그중에는 자기가 무언가 기여하는 바가 있음을 알리기 위해서 대화에 끼어들어야 한다는 강박관념에 사로잡히는 사람도 있다. 그러나 모든 일에 끼어들어 한 푼어치도 안 되는 소리를 떠든다는 말을 듣기보다는, 필요할 때에만 말하는 사람이라는 평판을 듣는 것이 훨씬 낫다.

워싱턴에서는 널리 알려진 이야기 하나가 있다. 캘빈 쿨리지가 대통령에 취임하여 첫 월급을 받았을 때다. 재무성 직원은 수표를 쿨리지에게 전달한 뒤에도 버몬트의 시골에서 온 이 촌사람이 그렇게 큰돈을 받고 어떤 반응을 보이는지 살펴보기 위해 돌아갈 생각은 않고 시간을 끌면서 서 있었다.

마침내 쿨리지가 그 직원에게 뭘 기다리고 있느냐고 물었다. 그러자 직원은 각하께서 그 수표에 대해서 무언가 하실 말씀이 있는지 궁금해서 그런다고 대답했다. 쿨리지는 수표를 힐끗 내려다보고는 고개를 들어 그 직원을 바라보며 이렇게 말했다.

"이제 그만 돌아가도 됩니다."

캘빈 쿨리지는 '말없는 캘Silent Cal'이라는 별명이 붙을 정도로 말을 적게 한 것으로 유명하다. 한번은 여류 인사 몇 명이 백악관에 초청되어 차를 마셨다. 그중 한 사람이 이렇게 말했다.

"각하, 여기 같이 온 부인들하고 조그만 내기를 했는데 제가 각하로 하여금 두 단어 이상 말하게 할 수 있다고 했지요."

쿨리지가 대답했다.

"그럼 지셨군요You Lose."

그 여자는 내기에 졌지만 쿨리지는 과묵함으로 인하여 큰 효과를 볼 수 있었다. 그토록 과묵한 사람이 일단 입을 열어 말을 하기 시작하면 모든 사람의 관심이 집중될 수밖에 없다. 그 여자가 만일 이점에 관해서 내기를 했더라면, 틀림없이 이길 수 있었을 것이다.

남을 비하하지 마라

회의에 자주 참석해본 사람이면 쓸데없는 말들이 얼마나 오가는지 잘 알고 있을 것이다. 회의 주제와는 아무런 상관없는 사소하고 때로는 순전히 얼빠진 소리가 나오는 경우도 있다. 그런 소리를 듣고 있노라면 견디기 힘들겠지만, 그것도 인생이라고 생각해야 한다. 회의 탁자 건너편에 앉은 사람이 멍청한 소리를 했을 때, 그것은 멍청한 소리라고 일러주고 싶은 욕구가 강하기 일겠지만 참아야 한다. 참지 못하면 손해다. 그것은 한순간에 평생 적을 만드는 것이다.

필요하다면 멍청한 질문이라도 해라

많은 회의에서 나타나는 경향 중 하나는 사공이 없는 배와 같다는 점이다. 초반에 한 사람이 어떤 주제를 꺼냈을 때 모두가 그 주제에 대해 이러쿵저러쿵하다 보면 완전히 옆길로 새나가 종잡을 수 없게 된다. 이럴 때에는 누군가 나서서 그 분위기를 추스르지 않으면 안된다. 산만한 대화를 멈추게 하기 위해서 원래 주제가 무엇이었는지를 직설적으로 말하기보다는, 그들이 하는 말을 받아서 좀 멍청해보이는 식으로 물음으로써 분위기를 바꾸는 것이 훨씬 효과적이다.

"그런데 그 왕이 그렇게 발가벗은 채로 바깥에 서 있었다면 감기에 걸리지 않았을까요?"

준비 없이 발언하지 마라

회의에 참석하여 당신이 무언가 발언하도록 되어 있다든가, 그렇지는 않더라도 개인적으로 꼭 하고 싶은 이야기가 있는 경우에는 미리 요점을 정리하여 준비하라. 그렇지 않으면 십중팔구 당신의 발언은 장황한 횡설수설이 되고 당신의 입장을 지지하려던 사람마저 등을 돌리기 쉽다.

말이 너무 길어지는 까닭은 자꾸만 곁가지를 치기 때문이다. 그리고 준비가 안 되어 있기 때문에 함부로 말을 하게 되고 그만큼 '에', '저'와 같은 군소리가 자주 나오게 된다. 이런 식으로는 발언의 효과를 높일 수가 없다.

때론 웃음이 필요하다

회의에서는 가끔 한 번씩 웃음이 필요하다. 특히 회의가 장시간 지루하게 계속될 때에는 더욱 그렇다.

1980년대 초 미국에서 임대 아파트를 콘도미니엄으로 변경하는 일이 성행할 적에 그 문제를 결정하기 위한 회의에 내가 아는 사람이 참석했다. 워싱턴의 한 부동산 회사에서 열린 회의였는데 아주 길고도 지루하게 논란이 계속되었다. 이미 이야기가 지지부진해서 그 상태로는 생산적인 결론이 날 수 없는 형편이었는데도, 사장은 나중에 다시 거론하자는 말을 여전히 꺼내지 않았다. 그러자 이 친구가 무표정한 얼굴로 말했다.

"나는 가톨릭 신자로서 콘도미니엄의 사용을 반대합니다."

가톨릭교회는 '콘돔'의 사용을 반대한 데서 나온 발상이었다. 좌중에서 폭소가 터지고 그것으로 회의는 끝났다.

● 회의를 주재할 때 꼭 알아야 할 것들

부동산 사업에서 가장 중요한 3가지는 첫째도 위치, 둘째도 위치, 셋째도 위치다. 마찬가지로 회의에서 가장 중요한 3가지는 첫째도 준비, 둘째도 준비, 셋째도 준비다.

작은 쪽지에 짤막하게 적은 것일지라도, 어쨌든 안건은 분명하게 정리해서 준비해야 한다. 그래야 회의를 진행하면서 다루어야 할 문제들을 빠짐없이 다루었는지 확실하게 알 수가 있다. 그리고 이렇게 함으로써 회의를 통하여 당신의 목표를 달성할 수 있는 기회가 한층 더 많아질 것이다.

그 밖에 도움이 될 만한 몇 가지 방법은 다음과 같다.

확실한 결론을 끌어내라

이제 안건은 무엇인지는 정해졌다고 하자. 그렇다면 그 각각의 안건에 대하여 최종적으로 결정해야 하는 문제를 확실히 해야 한다. 그것은 첫째, '어떤 조치를 취할 것인가?', 둘째, '누가 그 일을 맡을 것인가?'이다. 이 점들을 분명히 하지 않는다면 애초에 회의를 열 필요조차 없다.

냉정한 자세를 고수하라

회의 참석자들이 시간을 낭비하거나 서로 누가 잘났는지 경쟁하도록 내버려두지 마라. 그렇다고 그들을 꾸짖을 필요는 없다. 꾸짖지 않고도 사회자가 쓸 수 있는 방법이 몇 가지 있는데, '시간'이 그중 하나다. "이보게 피트, 미안하네만 다른 안건을 또 처리해야 하거든."과 같은 방식으로 말하면 되는 것이다.

사회를 맡은 입장에서 대장처럼 행동한다든가 매정하다는 말을 들을까봐 염려할 필요는 전혀 없다. 그 부분에 관해서는 마음을 놓아도 된다.

회의를 효율적으로 주재하여 짧은 시간에 결론을 도출할 수만 있다면, 모든 사람이 당신의 역량을 높이 보게 될 것이고 자기네 시간을 절약해주었다고 오히려 고맙게 생각할 것이다. 반면에 각자 말하고 싶은 대로 내버려두면 회의는 엉망이 될 뿐 아니라 회의를 통해 얻고자 하는 바도 이룰 수 없게 된다. 이는 아무에게도 도움이 되지 못한다. 이렇게 회의를 망치지 않기 위해서 셰익스피어가 한 말을 명심하자.

"여보게 브루터스. 잘못은 회의에 있는 것이 아니라 우리 자신에게 있다네."

● 프레젠테이션은 말로 보여주는 것이다

프레젠테이션은 일종의 대중 연설이라고 할 수 있다. 대중 연설에 대해서는 뒷장에서 살펴보겠다.

오늘날의 프레젠테이션은 단순히 말로만 하는 것이 아니다. 현대는 '시각의 시대'인 만큼 청중에게 말로써 당신의 의사를 전달하는 한편, 그들이 시각을 통하여 슬라이드나 차트, 각종 도표, 그림, 사진 등을 볼 수 있게 하는 것도 효과적인 방법이다.

1992년 대통령 선거에서 로스 페로가 시각적 방법의 효과와 그 중요성을 다시 한 번 일깨워준 바 있다. 물론 그가 그러한 기술을 발명한 것은 아니다. 자문 회사나 광고 회사를 비롯하여 여러 분야에 종사하는 수많은 사람들이 시각적 기술을 사용해온 것은 오래된 일이다.

자신들의 의견을 인상 깊게 전달하는 데는 여러 매체를 통한 간단명료한 도표가 매우 효과적인 수단이다. 학교 선생님들 역시 그러한 효율성을 인식하고 초등학교 1학년 때부터 시청각 교재를 사용하고 있다.

성조기가 도안될 때부터 이미 시각 효과는 정치에서 떼어 놓을 수 없는 한 부분이 되었다. 시각 효과의 활용에는 가끔 교묘한 정치적 수완이 숨겨져 있기도 한다. 내가 알기로는 시각 효과를 가장 효과적으로 사용한 예는 케네디 대통령의 저서 《평화의 전략The Strategy of Peace》에서 볼 수 있었다.

1840년대에는 미국과 캐나다 사이의 국경이 아직 확정되지 않았다. 그래서 당시 미국 국무장관 대니얼 웹스터와 영국 특사 애시버튼 경 사이에 이 문제를 둘러싼 협상이 벌어지고 있었다. 케네디의 회고에 따르면 그 문제에 관하여 두 나라는 한 치의 양보도 없었으나, 이 두 사람이 자기들이 합의한 조약을 본국 정부에 설명하면서 매우 효과적인 방법을 사용함으로써 그 조약이 승인되었고 두 나라 사이의 관계 역시 오늘날과 같이 돈독함을 유지할 수 있었다고 한다. 케네디는 이렇게 설명한다.

1842년 미국과 캐나다 사이에 체결된 웹스터 – 애시버튼 조약은 양국 모두에서 지지하는 사람이 드물었다. 웹스터 장관과 애시버튼 경에 대해서는 자국의 국익을 손상시킨다는 비난이 드높았다. 전하는 바에 의하면, 웹스터가 미국 상원의원을 설득하면서 보여준 지도와 애시버튼이 영국 의회를 설득할 때 보여준 지도에는 국경이 서로 다르게 표시되어 있었다고 한다. 즉, 각기 의회와 국민에게 자기 나라가 상대국보다 취한 것이 더 많다고 함으로써 그들을 설득할 수 있었던 것이다. 그렇게 해서 100년 이상을 끌면서 말썽을 증폭시켜 온 문제가 마침내 종식되었다. 그러나 타협의 결과로 가능해진 두 나라의 공동 번영은 분쟁의 씨앗이 되었던 땅덩어리 전체의 가치보다 수천 배 더 컸다.

따라서 발표를 할 때에는 무엇을 말할지, 그리고 그 말을 어떻게 해야 할지에 관한 것뿐만 아니라, 그것을 어떤 방법으로 보여줄지에 관해서도 신경을 써야 한다.

마지막으로, 시각 자료를 사용하려 할 때에는 반드시 미리 연습을 해보아야 한다. 말하는 중간에 시각 기재에 말썽이 생겨서 헤매게 된다면 효과를 높이려던 것이 오히려 일을 망치고 만다. 차트를 펼쳐 놓고 그 앞을 당신이 가로막고 선다든가 슬라이드를 잘못 끼워서 화면이 거꾸로 나오는 것도 마찬가지다.

애매모호한 말이 필요할 때

시각 기재는 당신의 생각을 명료하게 전달하는 데 큰 도움이 된다. 하지만 때로는 무언가 모호한 점을 남겨두는 것이 당신에게 이득이 되는 경우도 있다.

이런 일에 관한 전문가는 물론 정치인들이다. 정치인들은 태초부터 애매모호한 대답을 선호해왔다. 특히 어떤 일이나 말 때문에 책임지고 싶지 않을 때는 질문에 대한 대답을 요리조리 돌려 아무 뜻도 없는 것으로 얼버무리고 만다. 이런 일에 있어서 역사상 최고의 챔피언은 정치인이 아닌, 뉴욕 양키즈 팀의 감독을 맡았던 케이시 스텐젤이었다. 그는 정말 그 방면의 도사였다.

케이시는 이런 기교를 거의 예술의 경지까지 끌어올렸다. 대답하고 싶지 않은 질문을 받았을 때나 질문의 초점을 흐리기 위해서, 심지어는 질문자를 헷갈리게 만들기 위해서 그는 이 기교를 자주 사용했다. 말하고 싶을 때면 그는 누구보다도 명료하게 말했다. 하지만 그가 일단 이 말들을 써야 할 때라고 생각하면 그 순간 모든 말은 자동적으로 비비 꼬였다. 그의 이런 말투는 하도 유명해서 '스텐젤의 화법stengelese'으로 통했다.

그의 말 가운데 최고의 걸작은 1958년 7월 9일 미국 상원 소위원회에 출석했을 때 나온 것이다. 그 위원회는 '공정거래 및 독점거래 소위원회'였는데 의장은 테네시 출신의 에스테스 키포버 의원이 맡고 있었다.

당시 메이저리그는 1920년대의 내려진 대법원의 판례에 따라 공정거래법의 적용을 면제받고 있었다. 이 면제를 더 공고히 하기 위해서 야구계에서는 법안 하나를 제안했는데 그 법안이 상원에서 심의 중이었다. 스텐젤은 증인으로 상원에 불려갔는데, 그와 함께 소환된 사람 가운데는 그 당시 스타플레이어 미키 맨틀도 있었고 그 밖에 여러 선수들이 그 자리에 나가 각 팀의 입장을 대변했다.

키포버 의원이 스텐젤에게 그 법안을 지지하느냐고 물었다. 다음은 이에 대한 그 대답 가운데 일부다.

저, 그 문제에 대하여 꼭 이 자리에서 대답을 해야 한다면, 내 생각에는 그 점에서 야구계가 선수들의 협조 덕분에 매우 향상되어 왔다고 봅니다. 지금 나는 연금에 가입해 있지는 않습니다. 여기 나와 같이 온 젊은이들은 연금에 가입되어 있지요, 그들은 자기 팀을 대표하고 또한 동료 선수들을 대표합니다. 그러니까 연금에 가입하진 않았고 또 내게는 지금 연금이 나오지도 않기 때문에 말하자면, 오! 하느님, 그에 관해서도 여기서 한마디 해야겠지만, 어쨌든 선수들한테는 좋은 일이라고 생각합니다. 선수들에 관하여 말하자면 내가 할 말이 바로 그 점이죠. 즉, 그들에게는 잘 짜인 연금 제도가 있다는 점 말입니다. 라디오와 텔레비전 덕분에 그렇게 되었다고 할 수 있어요. 그렇지 않았다면 그런 식으로 사람들의 노후에 지불한 돈을 마련할 길이 없었을 겁니다.

이 대답은 모두를 어리둥절하게 만들었고, 키포버 상원의원은 다시 말했다.

"스텐젤 씨, 제 질문이 명확하진 않았던 것 같군요."

별명이 '말 도사'인 스텐젤은 이렇게 받아넘겼다.

"맞습니다. 의원님. 잘 보셨습니다. 제가 생각해도 그 질문에 완벽한 대답은 할 수 없을 것 같습니다."

키포버는 분명한 어조로 다시 물었다.

"스텐젤 선생, 내 질문은 왜 야구계가 이 법안의 통과를 원하느냐는 것이오."

이에 스텐젤은 또 다시 자신의 전략을 구사했다.

기어이 말해야 한다면 모르겠다고 할 수밖에 없겠네요. 하지만 내 생각에 그 법안의 통과를 원하는 까닭은 야구계의 시각에서 볼 때, 다른 종목에 관해서는 말할 필요가 없겠지요. 야구 경기가 계속 이루어지고 경기 중에 선수들에게 가장 좋은 대우를 할 수 있도록 하기 위해서라고 생각합니다. 다른 종목에 대해서는 논쟁을 벌이고 싶지는 않습니다. 나는 다만 야구계에 몸을 담고 있을 뿐입니다. 야구계는 지난 100년 동안 지금까지 어떤 분야보다도 깨끗했습니다. 텔레비전 중계료니, 야구장에서 벌어들인 수입이 얼마니, 그런 이야기가 아닙니다. 그런 일들을 일단 접어두어야 할 것입니다. 나로서는 자세히 모르는 일이지요. 내 이야기는 요즘은 야구 선수들이 여러 면에서 향상되었다는 것입니다.

키포버 상원 의원은 스텐젤이 말을 이어갈수록 답답하기만 했다. 하지만 자신이 한 질문에 대한 답은 얻어야 했기 때문에 스텐젤을 포기하고 증인석에서 스텐젤의 바로 옆에 앉아 있는 미키 맨틀에게 물었다.

"맨틀 씨, 독점 금지법을 야구에도 적용해야 하는 문제에 대해서 어떤 견해가 있으면 말씀하십시오."

미키는 탁자 위의 마이크를 향해 몸을 조금 수그리고 다음과 같이 대답했다.

"제 생각도 스텐젤의 생각과 똑같습니다."

당신 자신을 팔아라

나 자신을 팔려고 내놓는 상황은 비단 취업 면접 시에만 국한되는 것은 아니다. 그것은 상대방에게 당신 자신을 매력 있는 사람으로 보이게 하는 모든 일을 말한다. 또한 내가 팔아야 하는 제품이나 서비스, 혹은 '나' 자신을 이야기할 때는 그것의 '특징'을 말하지 말고, '장점'을 말해야 한다.

상사에게 굽실거리지 말고 그들을 이해하라

상사에게 지나치게 아첨하면 그들은 당신을 대수롭지 않게 여길 수 있다. 대신 상사의 위치와 역할을 이해하고 그들의 장점과 단점을 파악하는 것이 중요하다. 업무에서 문제가 생겼을 땐, 바로 이러한 입장에서 그들과 진솔하게 소통하라.

철저히 준비하고 생산적인 회의를 해라

모든 말에 끼어들어 가치 없는 말을 하고, 평판을 깎기보다는 필요할 때에만 말하는 것이 현명하다. 회의에 참석하여 당신이 무언가 발언할 예정이라면, 반드시 미리 요점을 정리하여 준비하라. 또한 유머 사용에 주저하지 말고, 어떤 상황에서도 남을 비하하는 말을 하지 마라.

CHAPTER 6

청중을 매료시키는
마성의 스피치

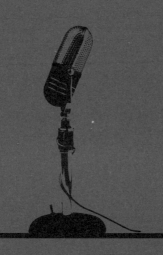

● 내가 가장 잘 아는 것을 말하라

모든 일이 다 그렇듯이 연설에서도 첫 경험이란 떨리는 일이다. 대화를 아주 잘하는 사람들도 처음 연설을 하게 되면 종종 두려움을 느낀다. 어떤 사람은 경험이 많은데도 연설을 할 때마다 공포를 느끼기도 한다.

사람들은 대중 연설을 잘하는 데에 무슨 특별한 비법이라도 있는 것처럼 생각한다. 그 문제를 다룬 책들도 많이 나와 있기 때문에, 연단에 서기 전에 연설 대학원 과정이라도 밟아야 하는 것으로 생각하기 쉽다.

나는 해마다 다양한 분야의 사람들을 상대로 수차례 강연이나 연설을 한다. 하지만 연설을 잘하기 위한 나의 비결은 아주 간단하다. 나는 대중 연설이라고 해서 특별히 다른 방식으로 말해야 한다고 생각하지 않는다. 어차피 연설이나 대담은 자기 생각을 다른 사람과 나누는 일이다. 어떤 점에서 보면 연설은 대화보다 쉬운 면도 있다. 왜냐하면 이야기를 어디로 끌고 나갈지 그 문제가 전적으로 연사 자신에게 달려 있기 때문이다. 아무도 당신에게 "정말 그래요? 설명을 좀 더 해주시겠습니까?" 하는 식으로 말의 흐름을 끊지 못한다(물론 연설이기 때문에 생기는 약점이 있다. 예를 들어 이야기 중간에 화장실에 다녀오겠다고 하면서 자리를 빠져나갈 수는 없다).

이 점을 염두에 둔다면 연설을 잘하기 위해서 가장 먼저 유의해야 할 점이 무엇인지 분명해진다. 당신이 잘 아는 일에 관해서 말을 하라는 것이다. 이 점은 너무나 당연해서 말할 필요도 없다고 생각할지 모르지만, 실제로 얼마나 많은 사람들이 이 뻔한 원칙을 지키지 못하는지 한번 생각해보라. 많은 사람들이 스스로 별로 잘 알지도 못하는 주제를 꺼냈다가, 2가지 면에서 위기를 맞는다.

1) 만일 그 주제에 관하여 청중이 당신보다 더 많이 알고 있다면, 그들은 금방 지겨워할 것이다.
2) 당신이 그 주제에 관하여 어딘가 불편하게 여긴다면, 당신의 행동 역시 어색할 수밖에 없다.

그러므로 주제를 정할 때부터 당신이 잘 아는 주제를 정하는 것이 좋다. 만일 광범위한 주제에 관하여 연설을 하게 되는 경우라면, 당신 자신의 경험담을 곁들이는 개인적인 접근이 바람직할 것이다.

예를 들어, 성지순례를 하고 돌아와서 교인들 앞에서 그 여행이 어땠는지를 소개하는 자리라고 하자. 그런 자리에서 이스라엘과 PLO 사이의 평화협정의 의미를 정밀하게 분석할 필요는 없다. 그저 당신이 본 것, 그리고 당신이 만났던 사람들이 그러한 정치적 사건을 어떻게 받아들이고 있었는지만 말하면 된다. 그런 식으로 접근하면 틀림없이 당신도 훨씬 편안함을 느낄 수 있을 것이고, 청중 또한 당신의 이야기에 흥미를 느낄 것이다.

●
● 열세 살짜리도 연설이 가능하다

나는 열세 살 때 처음 연설을 했다. 그때 나는 내가 아주 잘 아는 이야기를 주제로 정했다. 유태인 소년은 누구든지 일생에 한 번, 열세 살이 되었을 때 성인식을 갖는다. 당시 우리 집은 경제적 여유가 없었다. 아버지가 3년 전에 돌아가셨기 때문에 어머니 혼자서 생계를 꾸려야 했다. 영세민 보조금을 받아야 하는 처지에서 벗어나기 위해 어머니는 열심히 일했다. 그 덕택으로 얼마 뒤에 우리 집은 보조금 없이도 생활이 가능하게 되었다.

쪼들리는 살림이었지만 어머니는 나와 내 동생의 성인식만은 치러주었다. 성인식에서 당사자는 사람들 앞에 나가 연설을 한마디씩 해야 한다. 그때까지 나는 학교 교실에서 앞에 나가 책을 읽거나 노래를 불러본 것을 빼면, 남들 앞에 나가본 적이 전혀 없었다. 그런데 그 자리는 진짜로 내가 청중 앞에서 말을 해야 하는 자리일 뿐만 아니라 그것도 대부분 어른들 앞이었다.

열세 살짜리 소년이 전문 지식을 뽐낼 수 있는 일은 별로 없었다. 그래서 나는 내가 잘 아는 일 가운데 하나를 골랐는데, 바로 우리 아버지에 대한 이야기였다. 그 자리에 참석한 사람들은 거의 모두 아버지와 아는 사이였다. 그래서 그들과 같이 아버지에 대한 추억을 나누기로 한 것은 적당한 주제였다. 나는 내가 얼마나 아버지를 좋아했는지를 얘기했다. 그리고 아버지가 일주일에 엿새 동안 식당을 경영하느라 바쁜 가운데에서도 시간이 날 때마다 나와 함께 지냈음을 얘기했다.

하워드가에서부터 사라토가 공원까지 아버지와 함께 얘기하면서 산책하던 추억도 들려줬다. 그때 아버지는 나에게 아이스크림을 사주면서, "엄마한테는 말하지 마라. 저녁 먹을 때가 다 되었는데 군것질 시킨다고 할 테니까."라는 말씀도 하시곤 했다고 이야기했다. 그런 이야기를 하면서 나는 공원이나 아이스크림보다는 아버지와 나눈 이야기들이 훨씬 더 재미있고 소중하게 느껴졌다고 덧붙였다.

아버지는 조 디마지오가 선수로 활약하던 시절의 양키즈 팀에 대한 이야기며, 1941년 루 게릭의 장례식에 가본 이야기 등을 내게 해주었다. 어떤 때는 그날 유태인 학교에서 뭘 배웠는지 묻기도 하였다. 그러고는 당신이 스무 살 때 머물 곳을 찾아 떠나면서 러시아를 택하지 않고 미국으로 온 것이 참으로 다행이었다는 말을 하기도 하였다.

나는 이런 추억을 청중들에게 나누어주었다. 그리고 내가 아버지를 생각할 때마다 사라토가 공원에서 나를 향해 말하던 그의 숨결을 느낀다고 말했다.

내 경우에 성인식에서 아버지를 주제로 이야기한 것은 당연한 일일 수밖에 없다. 자리가 자리인 만큼 아버지가 마땅히 화제의 초점이 되어야 했던 것이다. 그뿐만 아니라 내가 편안한 기분으로 이야기할 수 있었던 것은 아버지에 관한 것뿐이었다. 아버지에 관해서라면 자신 있게 그리고 자세하게 말할 수 있었다.

내가 연설을 끝마치자 어른 몇몇이 내게 와서 칭찬을 해주었다. 나 스스로도 그들과 추억을 나누는 일이 썩 괜찮은 일이었다. 내가 '말하는 직업'을 갖기로 결심하게 된 데에는 이때의 경험이 영향을 미치지 않았다고 할 수는 없다.

연설을 위한 3가지 단계

연설을 잘하기 위한 두 번째 열쇠는 보이스카우트의 모토motto 대로 준비하는 것이다. 그것은 '항상 대비해야 한다.'는 진리이다.

앞에서 말한 내 충고대로 익히 알고 있는 주제를 선택한 경우라면, 연설의 준비가 특별히 어렵지 않을 것이다. 아울러 다음과 같은 점들을 염두에 두면 당신의 생각을 좀 더 효율적으로 정리하기가 쉬워진다.

1) 무슨 이야기를 할 것인지 서두에서 밝혀라.
2) 본론을 이야기하라.
3) 무슨 이야기를 했는지 요약함으로써 마무리하라.

무슨 이야기를 할 것인지 미리 밝혀주면, 청중들이 당신의 이야기를 따라가기가 훨씬 쉬워진다. 그리고 연설이 끝날 즈음 그 이야기를 다시 한 번 간단히 정리해주면 요지가 더욱 분명해질 것이다. 이때에는 서두에서 한 표현을 그대로 다시 한 번 되풀이하기보다는 약간 다른 표현을 사용하는 것이 좋다.

● 사소한 것까지 실전처럼 연습하라

내 경우에는 연설을 할 기회가 많기 때문에 번번이 그 준비를 위하여 많은 시간을 들이지 않아도 된다. 대개 나를 연사로 초청하는 사람들이 원하는 주제는 내게 아주 익숙한 일이다.

예를 들면, 토크쇼가 정치에 미치는 영향, 클린턴, 부시, 페로 및 다른 대통령 후보들이 내 쇼에 출연했을 때의 이야기, 고어와 페로 사이의 TV 토론에서 내가 사회를 맡았던 경험담, 방송 매체가 활자 매체에 미치는 영향과 그 상호 관계의 장래, 또는 옛날 브루클린 다저스 팀에 대한 이야기들과 같이 내가 익히 알고 있는 주제들이다. 따라서 연설에 앞서서 내가 특별히 시간을 들여 준비해야 할 숙제는 없다.

하지만 전에 한 번도 해본 적이 없는 주제에 관하여 연설하게 될 경우에 사전 준비는 필수적이다. 이 준비는 여러 방식으로 할 수 있는데, 그 가운데 가장 좋은 방법을 그때그때 선택하면 된다.

먼저 연설할 때 할 말을 한마디 한마디 원고로 작성하여 연단에서 그대로 읽는 방법이 있다. 이것은 연사들이 가장 많이 쓰는 방법이다. 하지만 이 방법을 사용할 때에는 한 가지 유의할 점이 있다. 원고를 사전에 여러 번 읽고 숙지하여 청중들을 자주 쳐다볼 수 있어야 한다. 연단에서 청중을 향해 머리를 숙인 채 마냥 원고만 읽어서는 안 된다.

어떤 사람은 요점만을 간략하게 정리하여 그것을 토대로 연설하기를 더 좋아한다. 메모지에 요약하기도 하고 파일 카드를 사용하기도 하면, 연설이 좀 더 자연스럽기 때문에 머리까지 숙여가며 원고를 들여다볼 필요도 없게 된다.

연설이란 보디랭귀지나 옷과 같다. 어떤 방식을 택하든 당신에게 가장 편한 방법을 찾아서 그대로 하면 된다.

원고를 작성하든지 아니면 요점만을 메모하든지 사전에 충분한 연습이 필요하다. 연설을 여러 번 미리 연습해봄으로써 그 내용, 속도 그리고 표현 방식 등을 익혀두어야 한다. 거울 앞에서 연습한다든가, 아니면 가족 또는 동료를 청중으로 삼아 그 앞에서 해보는 것도 괜찮은 방법이다.

연습할 때에는 또 시간을 재보는 것이 좋다. 원고를 작성할 때나 요점을 정리하면서 생각한 것과는 달리, 막상 연설을 해보면 내용이 너무 길거나 너무 짧은 경우가 아주 많다. 당신에게 할당된 시간이 얼마나 되는지를 미리 알아보고 그 시간에 맞추는 연습 또한 반드시 필요한 사항이다.

● 위기일발의 순간 극복하기

실제로 연설을 미리 한번 해보면 큰 도움이 된다. 그러면 연설의 주제가 무엇인지 쉽게 기억이 난다. 나 역시 한창 연설 경험을 쌓아나가던 초기에 그런 경험을 한 적이 있다. 그때 나는 사람들 앞에서 연설하는 일이 매우 즐거웠기 때문에 어떤 자리든 불러주기만 하면 달려갔다. 대중 연설가로서 명성을 얻고 싶은 의욕에 불타서 어떤 조건도 내걸지 않았다. "사례비야 당신네가 주고 싶은 만큼 주시오.", "돈이 없다고요? 그럼 무료로 합시다. 때와 장소만 일러주시오. 그러면 가리다." 이런 식이었다.

하루는 라디오 방송국으로 전화가 왔다. 마이애미 로터리 클럽의 회장에게서 온 전화였다. 6월에 클럽 정기 총회가 있는데 거기서 연설을 좀 해 달라는 요청이었다. 아직 1월이었으니 시간은 충분했다. 내가 쾌히 승낙하자 상대방은 그 모임의 시간과 장소를 알려주었다. 그러고 나서 그가 물었다.

"그런데 연설 주제는 무엇입니까?"

"뭐, 주제는 없습니다. 통상 저는 그냥 이런저런 이야기를 합니다. 어쨌든 청중을 즐겁게 해주면 될 거 아닙니까?"

그때 대통령은 아이젠하워였다. 로터리 클럽의 회장은 이렇게 말했다.

"이 자리는 로터리 클럽의 모임이에요. 연사가 아이젠하워라 해도 주제가 뭔지는 미리 알려주어야 해요."

"그럼 그 사람한테 전화하세요."

나는 전화를 끊어버렸다.

며칠 뒤 방송국에서 쇼 진행을 준비하고 있는데 전화가 걸려왔다. 방송 시작 1분 전이었다. 프로듀서가 와서 "래리, 1번에 긴급 전화!" 하고 소리쳤다. 수화기를 들자 무언가 찰칵찰칵 하는 소리가 들렸다. 로터리 클럽의 그 친구가 다시 전화한 것이다.

"지금 인쇄소에 와 있어요. 정기 총회를 알리기 위해서 안내 전단을 찍고 있지요. 당신 연설의 주제가 무엇인지 전단에 꼭 들어가야 해요."

"미국 해운업의 장래라고 하세요."

벌써 30년도 더 된 일이다. 내가 그때 왜 그렇게 대답했는지 그 이유를 모르겠다. 어쨌든 그때 내가 한 음절 한 음절 또박또박 그렇게 대답한 것만은 분명한 사실이다.

그런데 그에게는 그 주제가 마음에 쏙 들어버린 모양이다. 로터리 클럽 회원이 모두 좋아할 주제라고 했다. 그러면서 "6월 10일 오후 8시, 마이애미 해변 컨트리클럽"이라고 다시 한 번 일시와 장소를 확인하고 전화를 끊었다.

6개월 뒤 나는 약속된 시간에 약속된 장소로 갔다. 주차장에는 차들이 빽빽이 들어차 있었다. 차에서 내려 건물을 향해 걸어가는데 출입구에 붙은 커다란 안내문이 보였다.

오늘 밤! 미국 해운업의 장래!

그것을 보면서 나는 혼자 중얼거렸다. '이런! 오늘 밤 연사가 나 혼자인 줄 알았더니 둘이군!' 나는 그것이 내 연설의 주제라는 사실을 까맣게 잊고 있었던 것이다. 내가 도착한 것을 발견한 회장이 컨트리클럽 문 밖으로 나와 마중하였다. 그러고는 아주 신이 나서 "래리! 모두들 지금 당신 연설을 듣고 싶어서 기다릴 수가 없을 정도야. 이 주제 때문에 클럽 사상 가장 많은 사람이 참석했다고!"라고 말했다.

사회를 맡은 친구는 그 주제가 너무나 흥미로워서 그날 하루 직장을 쉬고 도서관에 가서 해운업에 관해 이것저것 찾아보기까지 했다고 말했다. 나를 소개하면서 주제에 관해서도 뭔가 몇 마디 덧붙이려고 했다는 것이다.

그래서 사회자는 나를 소개하면서 해운업에서 쓰는 무게의 단위며, 항만의 규모, 화물이 어떻고 군수품이 어떻고 하면서 설명을 곁들였다. 하지만 나는 그런 일에 관해서 완전히 문외한이었고 관심도 전혀 없었다. 해운업의 '역사'에 관하여 일장 연설을 한 다음에 사회자는 나를 소개하면서 이렇게 말했다. "이제 우리에게 '해운업의 장래'에 관하여 말씀해주실 연사가 오셨습니다. 래리 킹 씨를 소개합니다."

내 연설은 30분짜리였다. 모르는 일이면 아는 체 말라는 것이 내 원칙이다. 그래서 해운업에 관해서는 한마디도 언급하지 않았다. 연설이 끝났을 때 박수도 없고 환호도 없고 아무것도 없었다.

나는 썰렁해져서 바로 그 자리를 떠나 차에 올랐다. 그리고 '이제부터 나에게는 어떤 연설 요청도 들어오지 않겠구나. 이제 연설가는 다시는 될 수 없을 거야. 어쩌면 더 잘됐는지도 몰라. 연설로 먹고살 것도 아닌데 뭐.' 그런 생각들이 들기 시작했다.

시동을 걸 때까지도 나는 속으로 질려서 식은땀을 흘리고 있었다. 그러는 참에 그 사회자가 내 차까지 쫓아와서 차창을 두드렸다. 차문의 유리를 내려주자 그 친구가 고개를 안으로 디밀었다. 그 순간 감정이 격해지면서 차의 유리를 올려 그 친구의 목을 졸라버리고 싶은 유혹에 빠졌다.

그는 내게 악을 썼다. "당신이 해운업의 장래에 관하여 연설할 거라고 여태 안내해왔단 말이오! 그래서 내가 도서관에 가서 조사한 다음 그 역사에 대해서 설명까지 했는데, 당신은 어떻게 해운업의 장래에 단 한마디 언급도 하지 않을 수 있소?"

"해운업의 장래는 어두워요."

그리고 나는 그냥 떠나와버렸다. 약간 죄스러움이 느껴졌다. 가책에 사로잡힐 것까지는 없지만 아무튼 미안한 마음을 떨칠 수가 없었다. '20대 청년의 행동에는 무책임한 면이 있는 것이 사실이야. 하지만 어쨌든 그들이 원하는 바는 해주지 않았는가? 내 연설은 분명히 좌중을 즐겁게 해주었어.'라고 스스로 합리화하였다.

며칠 뒤에 알게 된 사실이다. 실제로 거기 참석한 로터리 클럽 회원들은 내 이야기를 재미있게 들었다고 한다. 박수가 없었던 까닭은 다만 예고된 주제와 동떨어진 내용이었기 때문에 약간 어리둥절했을 뿐이었다고 했다. 어쨌든 내가 내 입으로 밝힌 주제를 잊지 않았더라면, 그런 곤경에 처하지는 않았을 것이다.

마찬가지로 마이애미 시절에 겪은 경험 중에 이와는 정반대의 경우도 있었다. 나를 초청한 쪽에서는 주제가 무엇이든지 상관하지 않고 내가 와서 연설만 해주면 된다고 했다. 이번에도 전화벨이 울리면서 일이 시작되었다. 내 동료 한 사람이 전화를 받아 건네주었다.

"어이 래리, 2번에 자네 전화야." 수화기를 받아 들고 내가 한 말은 "여보세요." 하는 한마디였다. 저쪽에서 나에게 일방적으로 통고하고 있었다.

"킹 씨죠? 내 이름은 붐붐 조르노, 11월 3일. 포트 로더데일의 전쟁기념관. 자선 모임 만찬. 가수는 세르지오 프랭키. 사회자는 래리 킹, 당신. 검은색 넥타이로 정장할 것. 꼭 참석할 것."

딸깍. 그리고는 전화를 끊은 것이다. 몇 달이 지나 그곳에 갔더니 붐붐이 활짝 웃으면서 나를 맞았다.

"이렇게 와주셔서 영광이오."

'영광 좋아하시는군!' 나는 혼자 중얼거렸다. 얼른 무대 뒤로 가서 세르지오를 찾았다.

"세르지오, 여기 어떻게 오게 됐나?"

"붐붐이라는 친구가 전화했던데."

그때 붐붐이 와서 내가 할 일을 자세히 일러주었다.

"이봐, 젊은 친구. 무대에 올라갈 차례야. 자네 맘대로 해. 20분간 그렇게 하고 세르지오를 소개하는 거야. 단, 홀의 전등은 켜면 안 돼."

"내가 왜 전등에 손을 대겠소?"

"글쎄 전등은 켜지 말라니깐. 사람들 틈에 경쟁자들이 많이 섞여 있단 말이야."

"경쟁자라니, 무슨 소리요?"

"올리브기름 사업하는 사람도 있고 파스타 사업하는 친구도 있어. FBI에서도 와 있단 말이야. 홀은 계속 어두침침하게 놔두어야만 해."

그래서 나는 무대에 올라가 20분 동안 사람들을 좀 재미있게 해주고 세르지오를 불러낸 뒤에 무대에서 내려왔다. 그 행사가 끝나고 차 쪽으로 가는데 붐붐이 나를 불러 세웠다. 기분이 아주 좋아보였다.

"어이, 젊은 친구. 아주 잘하던데!"

"고마워요, 붐붐"

그러자 그는 다시 한 번 강조했다.

"이봐, 농담이 아니라고. 진짜로 잘했다니깐."

그래서 나도 다시 한 번 고맙다고 말했다. 그러자 그가 말했다.

"이봐, 자네 덕분에 잘됐으니까 무슨 일 있으면 부탁하라고."

"덕은 무슨, 그냥 좋아서 한 일인데. 나도 재미있었어요."

그다음에 붐붐이 한 말은 내 평생 처음 들어본 말이었다. 그 뒤로도 나는 그런 말을 들어본 적이 없다. 나는 지금도 그 다섯 마디 말이 생생하게 기억난다. 그뿐만 아니라 바다 위 하늘에는 달이 떠 있고, 가을밤의 냉기가 스치고 있었던 그때 그 상황을 모두 뚜렷이 기억할 수 있다. 그리고 붐붐이 한 말 때문에 내 등골에도 냉기가 흘러내렸다.

"보기 싫은 놈 있으면 말해. 끝내줄 테니까."

누구든지 이런 유혹을 받게 되면 우선 주변의 인물을 주욱 떠올리게 될 것이다. 나도 그랬다. 하지만 양심이 들고 일어나서 나를 가로막았다. 그래서 아무에게도 해를 끼쳐서는 안 된다고 결심했다. 본인은 꿈에도 상상하지 못할 일이지만, 그날 밤 나는 채널 4번 방송국 사장의 목숨을 구해준 셈이다.

그 이름을 대는 대신에 나는 이렇게 말했다.

"괜찮아요 붐붐. 그런 짓은 못해요."

그러자 붐붐은 다른 것을 물어왔다.

"경마 좋아하나?"

"그럼요, 재미있잖아요."

"나중에 연락할게."

3주 뒤에 전화가 다시 왔다. 저쪽에서는 "히얄레 경마장, 3번 경주마, 애플 트리."라고 말하고는 전화를 끊었다.

그때 내 명의로 된 재산이라곤 800달러가 전부였다. 500달러를 더 빌려서 1,300달러를 전부 애플 트리에 걸었다. 그 모두를 단식 마권으로 바꾼 것이었다. 장난도 아니고 허풍을 떠는 것도 아니었다. 지면 나는 완전히 파산이었다. 처음 두 경주를 보면서 '살면서 피할 수 없는 3가지가 있다면, 죽음, 세금 그리고 애플 트리가 오늘 우승한다는 사실'이라고 스스로에게 다짐했다.

내 생각으로는 결승점 바로 앞에서 앞서 달리던 말 다섯 마리가 우연히 넘어진다든가, 뭐 그런 식으로 될 줄 알았다. 그런데 세 번째 경주는 그런 우발적 사건이 전혀 없이 정상적으로 진행되었다. 그리고 정말 놀랍게도 애플 트리가 우승했다. 마권 한 장당 배당액은 12달러 80센트, 총액으로는 8천 달러 가깝게 땄다. 붐붐은 이제 마음 편하게 쉬어도 되었다. 더 이상 빚은 없었다.

● ● 말주변 없어도 청중을 사로잡는 연설의 법칙

나 자신의 경험과 내가 목격한 다른 연사들의 경우에 비추어보면, 말을 잘하지 못해도 청중을 사로잡는 연설은 가능하다. 다음의 방법들을 살펴보자.

말할 때 청중을 바라보라

시선의 일치가 얼마나 중요한지는 지금까지 몇 번이나 반복해왔다.

첫째, 원고지나 메모에서 눈을 떼고 고개를 들어라.

둘째, 연설장 뒤의 벽이나 옆의 창을 보지 마라. 당신의 청중은 벽이나 창이 아니다. 준비한 원고에서 눈을 떼고 고개를 들 때마다, 시선의 방향을 바꾸도록 하라. 그러면 청중 개개인은 당신이 바로 자기 자신에게 말하고 있다는 느낌을 받게 될 것이다.

말의 속도와 억양을 미리 준비하라

원고를 준비하여 말하는 사람들 가운데에는 강조하고자 하는 단어에 밑줄을 그어두는 경우가 많다. 요점만을 말하는 경우에도, 꼭 강조하고 싶은 구절이나 생각들에는 표시를 해두면 좋을 것이다. 이렇게 하면 2가지 좋은 점이 있다.

첫째는, 자신이 의도하는 대로 강조하고 싶은 곳을 잊지 않을 수 있다.

둘째는, 군데군데 말투와 억양을 달리함으로써 연설의 단조로움을 피할 수 있게 된다. 단조로운 목소리의 연설은, 특히 식사 시간 직후에는 청중을 꿈나라로 보내기 쉽다.

똑바로 서서 말하라

물론 군대식으로 차려 자세를 취하라는 말은 아니고, 연설용 탁자에 몸을 기대거나 하지 말고 편안한 자세로 서서 말하라는 것이다. 탁자 위에 몸을 수그리면 호흡도 불편하고 보기에도 좋지 않다.

마이크도 점검하라

마이크를 당신의 키에 맞추어 미리 조절해놓든지, 아니면 기사에게 부탁해서라도 그렇게 하라. 마이크가 너무 높아서 황새처럼 목을 뽑아 들고 말하게 되는 경우를 사전에 방지하라(가능하다면 이런 점은 미리미리 확인해두는 것이 좋다).

마이크에 대고 말할 때는 목소리를 높이지 말고 평소대로 하라. 마이크는 그러기 위해 있는 것이다. 마이크에 대고 소리를 지르게 되면 무슨 소리인지 알아듣기 힘들다. 또한 마이크와 입 사이의 거리를 일정하게 유지하는 일도 중요하다. 옆쪽에 자리한 청중 가운데 누가 질문을 한다고 고개를 그쪽으로 돌리면서 대답하면 목소리가 마이크에는 전달되지 않는다.

● 호응을 이끌어내는 유머 시나리오

암 치료법을 발표하거나 선전포고하는 자리가 아닌 한, 연설이라면 몹시 싫어하는 사람도 있다. 그러니 필요 이상 오랫동안 심각한 어조로 일관하지 마라. 주제가 실제로 심각한 경우라고 할지라도, 가끔씩 유머를 섞게 되면 모두에게 환영받을 것이다. 하지만 농담을 하려할 때 절대 다음과 같은 말로 시작하지 마라.

1) 농담 한마디 하겠습니다(농담을 여러 마디 하겠다고 하는 사람은 아무도 없다).
2) 오늘 여기 오는데 재미있는 일이 하나 있었습니다.
3) 농담이 하나 있는데, 들어보면 재미있을 겁니다. 진짜로 웃기는 이야기예요.
4) 농담 하나가 생각나는데, 들어본 사람도 있겠지만 해보겠습니다.

이런 식으로 시작하는 말들은 너무 상투적이고 낡아빠진 표현이다. 더욱이 배꼽 잡는 농담을 하겠다고 해서 청중들로 하여금 잔뜩 기대하게 해 놓고 막상 별 볼 일 없는 농담을 하게 되면 실망만을 안겨줄 것이다. 그리고 이미 어디서 들은 적이 있을 거라는 말도 결코 하지 마라. 또 농담을 끝마치면서 "지금까지는 농담이었고, 이제 진지한 이야기를 합시다."라고 말하는 것 또한 같은 이유로 피해야 한다.

이와 같이 진부한 표현 대신에 농담이 연설 내용의 흐름에 섞이도록 해야 한다. 기업체의 간부진을 대상으로 경영 전략과 그 전략 추진 방식에 관하여 강연하는 자리라고 하자. 이런 종류의 주제를 논할 때 내가 즐겨 하는 이야기가 하나 있다.

1차 세계대전 때 배우 윌 로저스는 전쟁을 끝낼 수 있는 좋은 방법이 하나가 있다고 큰소리쳤다. 그는 이렇게 말했다.

"내 생각에, 문제는 독일 잠수함 U보트들이 우리 편 함정을 침몰시킨다는 점에 있다. 그러니 대서양을 팔팔 끓여버리자. 그러면 바다가 너무 뜨거워서 독일 잠수함들이 물밑에 숨어 있을 수가 없을 테고, 모두 바다 위로 떠오르지 않을 도리가 없을 것이다. 그때를 기다렸다가, 오클라호마에서 사냥할 때처럼, 그놈들을 하나하나 박살 내버리면 된다."

로저스는 이 말 끝에 이렇게 덧붙였다.

"물론 내가 이렇게 말하면 사람들은 대서양을 섭씨 100도로 끓일 방법이 뭐냐고 물을 것이다. 하지만 그 문제는 기술자들이 해결할 문제이지 내가 해결할 일은 아니다. 나로 말할 것 같으면 정책을 수립하는 사람이지 기술자는 아니다."

청중들의 웃음이 좀 가라앉기를 기다렸다가, 이 이야기를 당신이 주장하고자 하는 논지에 연결시켜라. '정책의 수립과 정책의 집행 사이에는 이와 같은 차이가 있다.'는 식으로 말하면 되는 것이다. 만일 청중이 기술자들로 이루어져 있다면 같은 일화를 이야기하더라도 반대 방향에서 접근할 수 있을 것이다.

"기획 팀이 이런 식으로 정책을 수립해주니 고마운 일 아니겠습니까? 기술자들에게는 또 다른 도전이 될 테니까요."

이야기를 이런 식으로 끌어갈 때 청중의 호응을 얻기가 쉬운 까닭은 다음 2가지 때문이다.

1) 이야기 자체가 재미있다.
2) 이 이야기의 논지가 청중 각자의 경험에 와 닿는다.

사업하는 사람이나 다른 전문 분야에서 일하는 사람들이 공통적으로 깊은 관심을 가지는 주제 가운데에는 문제해결 전략이라는 것이 있다. 내 친구 재키 글리슨의 재담이 좋은 예가 될 수 있을 것이다. 그는 뉴욕 시의 교통 문제에 대한 해결책 하나를 제안했다.

"모든 도로를 일방통행로로 정해서 북쪽 방향으로만 갈 수 있게 하면 된다. 그러면 뉴욕의 북쪽에 있는 올바니 시는 골치 아프겠지만 그거야 자기들이 알아서 해결할 문제다."

웃음이 잠잠해지기를 기다렸다가, 그 유머를 당신이 말하고 싶은 본래의 논지에 다음과 같이 연결시킨다. 이 농담에는 문제 해결을 꾀하면서 문제를 오히려 복잡하게 만들어서는 안 된다는 교훈이 들어 있음을 인지시키는 것이다.

유행어와 전문용어를 피하고 평이한 언어로 말하는 것이 얼마나 중요한지에 대해서는 이미 앞에서 설명한 바와 같다. 이 점은 연설을 할 때도 마찬가지다. 청중 앞에서 하는 연설도 대화의 변형된 형식이라는 점을 염두에 두고, 당신 자신에게 가장 자연스러운 방식으로 말한다면, 청중들 역시 당신의 말을 쉽게 이해할 수 있다. 그러면 청중들은 당신의 말이 머리끝을 살짝 스쳐 지나가는 정도가 아니라 바로 자기 자신에게 하는 말이라는 느낌을 가질 것이다.

하지만 쉬운 표현을 쓴다고 하더라도 속어식 표현의 지나친 사용은 삼가야 한다. 2000년대에 와서 금기사항이 사라졌다고는 하지만, 비어나 상스러운 말은 청중의 호응을 받기보다는 오히려 역효과만 유발시킬 것이다.

만일 당신이 비속어를 남발하는 해병 대원이라면, 그때는 당신의 일상 언어를 고쳐라. 당신이 누군가를 만나서 이야기를 나누는데 그 사람 자신은 '빌어먹을', '젠장' 등의 말투에 별 거부감을 느끼지 않을 수 있다. 하지만 당신의 말투가 자기 아내의 귀에는 거슬릴 것이라는 점을 그가 알고 있는 상황이라면, 그 역시 당신의 말이 불편할 것이다. 물론 아주 친근하게 잘 아는 사람이나 또는 부대의 동료를 만나 말하는 경우는 전적으로 다른 상황이다. 하지만 그런 경우가 아니라면, 비속한 말투는 삼가야 한다.

● 분위기를 장악하려면 청중부터 파악하라

대중 연설에 관한 원칙 중 청중의 기호를 파악하는 일은 틀림없이 중요하다. 일단 청중의 기호를 파악하게 되면 그들의 관점에서 생각하게 되고, 그러한 사실이 드러나면 연설 서두에서부터 청중과 유대감이 형성된다.

워싱턴에서 오랫동안 연설문을 작성해온 사람의 표현을 빌리면 '청중의 생각이 머무르는 바로 그 지점에서 그들을 공략하라.'는 것이다. 청중이 누구인지, 그들의 관심이 무엇인지, 그들이 무슨 말을 듣고자 하는지 등을 확실히 알고 있어야 한다.

청중에 관해서 미리 잘 알고 있는 상태가 아니라면, 준비 단계에서 다음과 같은 점들을 알아내는 것 자체가 연설 준비에 해당한다. 청중들은 어느 기관(회사, 협회, 단체)의 누구인가? 그들은 어느 지역 출신인가? 그들이 당면한 가장 큰 문제는 무엇인가? 그들이 나에 관하여 알고 싶어 하는 것은 무엇인가? 그들이 원하는 연설 시간(이 점은 대단히 중요하다)은 어느 정도인가? 그들은 연설이 끝난 뒤에 질문하기를 원하는가?

브루클린 시절부터 알고 지내던 내 친구 샘 레벤슨은 이 점에 관한 전문가다. 그는 〈에드 설리반 쇼〉에 자주 출연하였으며 각종 밤무대에도 출연하여 성공을 거두었다. 그가 하는 말은 언제나 유창하면서도 재미있었다.

청중들의 기준에 자신을 맞추어 그들의 입장에서 말했기 때문에, 그의 말에는 호소력이 있었다. 샘은 자신이 보통 가정에서 태어났고 자기 아버지는 열심히 일해서 가정을 꾸려나갔으며 자기 역시 열심히 노력해서 교사가 되었다고 말함으로써 청중들과 연대감을 이루었다.

그러한 사실은 그의 말뿐만 아니라 그의 겉모습에서도 나타났다. 짧은 머리에 안경을 쓰고 흰색 셔츠에 나비넥타이, 양복은 보수적인 더블 스타일로 가슴 부분의 양쪽에 단추가 달린 복장이 그의 차림새였다. 그가 자주 한 말 중 하나는 이것이다.

"우리 아버지는 젊은 시절에 미국은 기회의 나라이며 모든 길이 황금으로 포장되어 있다는 말을 듣고 이 나라로 이민을 결심하셨지요. 그리고 이 나라에 도착하자마자 다음 3가지 사실을 깨달았다고 합니다."

1) 길이 황금으로 포장된 것은 아니다.
2) 길은 아예 포장조차 되지 않았다.
3) 길을 포장하는 일이 바로 자신이 해야 할 일이다.

그의 말을 듣는 청중은 대개 노동자 계급이었고, 그들의 가족이 이민 온 역사 역시 겨우 몇 세대에 지나지 않았다. 따라서 그런 얘기를 듣는 순간 청중은 곧 그와 같은 편이 될 수밖에 없었던 것이다.

● 비밀을 공유하면 친근해진다

당신이 어떤 사람인지를 앞에 앉아 있는 사람들이 잘 알고 있을 것으로 함부로 추정해서는 안 된다. 〈워싱턴 포스트〉지의 칼럼리스트로서 다양한 수상 경력을 가지고 있으며, TV에서 맹활약 중인 모리 포비치의 부친이기도 한 셜리 포비치는 그런 추정이 매우 위험하다는 것을 깨달았다고 한다.

셜리는 워싱턴의 명사 가운데 한 사람이었고, 또한 그는 정통 유태인이다. 한번은 그가 국제 유태인 조직인 버네이 브리스^{B'nai B'rith} 모임에 연사로 초청되었다. 유태인들로만 가득 차 있는 자리에서 그는 연설의 서두를 이렇게 꺼냈다.

"저의 가장 친한 친구 몇 사람이 유태인이라는 점에서 오늘 밤 이 자리에 서게 된 것은 특별한 영광입니다."

그 순간 청중들의 표정이 싸늘하게 굳었고 좌중에는 무거운 침묵만이 흘렀다. 청중들은 이 연사가 그런 말을 생각 없이 남발하고 있다는 생각에 모욕을 느끼고 있었다. 셜리는 곧 그 까닭을 알아차렸다. 그 자신 또한 유태인이라는 사실을 아무도 청중에게 미리 알려주지 않았던 것이다. 그래서 그는 재빨리 이렇게 덧붙였다.

"그런데 제 친구 중에 유태인이 아닌 사람도 있지만 친척 중에는 유태인이 아닌 사람이 없답니다."

그 다음 날, 그는 신문사의 동료에게 당시의 상황을 다음과 같은 말로 전했다.

"그것은 그야말로 영혼의 교감이 이루어진 순간이었어. 그 뒤로는 청중을 내 손아귀에 휘어잡을 수 있었지."

● 때론 예상치 못한 발언이 환영받는다

때로는 청중이 예상하지 못한 말을 하는 것도 필요하다.

경찰국장과 검사들로 이루어진 청중 앞에 내가 연사로 초청받은 적이 있었다. 지금은 고인이 되었지만 마이애미 지방 검찰관으로 오래 일했던 딕 거스타인이 전화를 걸어왔다.

"여보게 래리, 골치 아픈 문제가 생겼네. 이 지역 사법 공무원들 사이에 큰 행사 두 가지가 동시에 열리게 되었어. 하나는 전국 지방검찰관 회의고 다른 하나는 국제 경찰국장 회의야. 그런데 이 두 모임이 공교롭게도 같은 일요일 저녁에 일정이 잡혔다고. 그래서 그 두 모임이 폰테인블로에서 저녁식사를 함께 하기로 결정을 보았네."

"그런데 뭐가 문제죠?"

"그 만찬이 끝나면서 회의 마지막 순서로 연설이 있는데, 그것이 문제야. 그 연설을 프랭크 설리반이라고 플로리다 범죄대책위원장이 맡게 되는데, 연설하면 이 세상에서 제일 못하는 사람이 바로 그 사람이거든. 그래서 순서를 좀 바꿔야 한다고. 그 사람 다음에 자네가 마지막 연설을 좀 해줄 수 있겠나?"

나는 참석자 가운데 내 이름을 들어본 사람은 하나도 없을 거라고 하면서 말도 안 된다고 했다. 그러자 딕이 재차 설득했다.

"설리반이 말하는 동안 대부분 졸음에 빠질 테니까, 누군가 나서서 그 사람들 잠은 깨워야 해! 걱정하지 말고 해보라고. 내가 미리 자네를 바짝 치켜세워주면 될 거 아닌가?"

만찬장에 가보니 딕이 한 말이 전혀 과장이 아니었다. 설리반은 계속 웅얼거렸고 말투 또한 따분하기 그지없었다. 말이 워낙 따분하다 보니 슬라이드나 그래프, 차트 등도 별 도움이 되지 않았다. 2천 명에 달하는 청중이 전부, 심지어는 그의 부인까지 졸음에 빠졌다.

나는 난생 처음 턱시도를 걸치고 맨 앞자리 주최 측 식탁에 앉아서, 제복을 차려입은 경찰국장들을 비롯해서 검사들이 고개를 끄덕거리며 조는 모습을 구경했다. 설리반은 30분 동안 연설했는데, 그의 말이 끝나자 모두 일어서서 자리를 뜰 채비를 했다. 딕은 이 광경을 보고 몹시 당황했다. 벌떡 일어나 식탁 중앙에 있던 마이크를 잡고 급하게 말을 이었다.

"여러분, 아직 떠나지 마십시오. 제 친구 래리 킹을 소개합니다."

그다음 나를 잔뜩 치켜세워서 소개했다.

이번에는 내가 당황할 차례였다. 나에 관해서 이름조차 들어본 적이 없는 사람들 앞에서 무언가 이야기를 해야 했다. 2천 명의 청중이 방금 전까지 영어권 역사상 최악의 연설을 들었다. 그들은 지쳤고, 그저 얼른 이놈의 지겨운 자리에서 빠져나가고 싶을 뿐이었다.

어쨌든 나는 마이크를 잡고, 오늘날 범죄는 수많은 사람에게 생사의 문제이기 때문에 요즘에는 할 수 없는 이야기를 꺼냈다. 하지만 그때는 30년 전이었고 나는 목청을 높여 이렇게 말했다.

"신사 숙녀 여러분! 저는 방송인입니다. 방송계에는 공정의 원칙이라는 것이 있습니다. 다른 말로는 방송 시간 평등 배분의 원칙이라고도 불립니다. 그것은 제가 개인적으로 마음속 깊이 신뢰하는 원칙입니다. 지금까지 설리반 씨가 범죄에 반대하는 입장에서 말씀하셨습니다. 따라서 저는 공정의 원칙에 입각하여 범죄의 긍정적인 측면을 말씀드리겠습니다."

모두가 발걸음을 멈췄다. 좌중이 다시 조용해져서 바늘 떨어지는 소리도 들을 수 있을 정도가 되었다. 일단 주의를 끄는 데에는 성공한 것이다. 이제 문제는 이야기를 어떻게 이어나가느냐는 것이었다. 그래서 먼저 질문 하나를 던졌다. "여기 계신 분 가운데 몬태나에 있는 뷰트 시로 이사하고 싶은 분은 손을 들어주십시오."

손을 든 사람은 단 한 명도 없었다. 내 말이 이어졌다.

"지구의 서반부에서 뷰트 시는 범죄 발생률이 가장 낮은 도시입니다. 지난해에 뷰트 시에서는 범죄가 단 한 건도 발생하지 않았습니다. 그렇지만 여기 계신 분 가운데 그곳으로 이사하고 싶은 분은 아무도 없습니다."

다시 2가지 질문을 더 던졌고 마찬가지로 내 스스로 대답했다.

"미국에서 관광객이 가장 많이 찾는 도시 다섯 곳이 어디인지 아십니까? 뉴욕, 시카고, 로스앤젤레스, 라스베이거스, 마이애미입니다. 범죄 발생률이 가장 높은 도시 다섯은? 그 역시 뉴욕, 시카고, 로스앤젤레스, 라스베이거스, 마이애미입니다. 따라서 결론은 분명합니다. 범죄가 관광객의 구미를 끄는 것입니다. 범죄 있는 곳에 사람들이 몰리지 않습니까?"

설리반 부인도 졸음에서 깨어났다.

"또 한 가지 이점은, 그런 돈은 그 지방에 머무르지 다른 곳으로 빠져나가지 않는다는 겁니다. 연방 정부가 세금으로 거두어가는 것과 비교하면 어느 쪽이 지역 경제에 도움이 되는지 분명한 일이지요. 이 지방에서 누가 경마로 돈을 번다면 그 역시 그 지방 식당에 가서 돈을 쓰지 않겠습니까? 이처럼 돈은 그 지역에서 유통됩니다."

급한 김에 만들어내기는 했지만, 그럴듯했다. 그다음에는 결정타를 날렸다.

"중요한 점이 또 한 가지 있습니다. 설리반 씨가 그래프와 차트를 통해서 제안한 대로 하기만 하면, 미국에서 범죄를 일소할 수 있을 것 같습니다. 그런데 그다음은 어떻게 되겠습니까? 범죄가 없으면 여기 계신 분 모두가 실직하는 거 아닙니까?"

사법 공무원이면서도 유머감각이 있는 켄터키 주 루이빌 시의 경찰국장이 일어나더니 웃으면서 반문했다.

"그러니 우리가 도울 일이 뭡니까?"

그날 밤 내 연설이 역사에 남을 정도는 물론 아니었지만, 그들의 예상을 완전히 뒤엎는 말을 함으로써 김이 빠져버린 청중에게 생기를 불어넣은 것은 사실이다. 물론 유머 감각이 도움이 되었던 것은 두말할 필요도 없다.

다른 한 가지 방법은 진지한 접근을 통해서 성공을 거두는 것이다. 마리오 쿠오모 주지사의 예가 바로 그런 종류다. 나는 그가 유머보다는 웅변으로 사법 공무원들의 마음을 사로잡는 것을 목격했다.

뉴욕 시내 경찰서장들이 모여 점심을 같이하는 자리에서 있었던 일이었다. 나는 그 자리에 사회자로서 참석했고 쿠오모 지사는 연사로 초청되었다. 식사 시간 중에 나는 그를 향해 물었다.

"마리오, 오늘 무슨 이야기를 할 거요? 내가 당신 소개할 때 오늘의 주제를 대강 알아야 할 것 같은데……."

그러자 쿠오모가 말했다.

"사형 제도에 반대하는 주장을 펼 작정이오."

나는 좀 놀라서 넌지시 비꼬았다.

"마리오, 그것 참 좋은 생각이오. 경찰 간부 1천 명이 모인 자리에 와서, 모두들 사형 제도에 찬성하는데, 당신은 사형 제도에 반대한다고 주장한다, 참 대단한 이야기가 되겠군요."

그는 진짜로 대단한 존재가 되었다. 경찰 간부로 가득 찬 자리에서 그는 사형 제도에 반대한다는 자신의 주장을 처음부터 밝혔다.

그리고 그 이유를 조목조목 설명했다. 그는 힘 있는 말솜씨, 표현의 유창함, 그리고 그 문제의 찬반 논리에 관한 해박한 지식 등으로 청중들을 열광시켰다. 쿠오모는 원래 뛰어난 언변을 타고난 사람이다. 하지만 우리는 그날 그의 연설에서 2가지 교훈을 얻을 수 있었다.

첫째는 철저한 준비다. 쿠오모는 청중이 어떤 사람들인지를 잘 알고 연설에 임했다. 그리고 사형 제도에 반대하는 자신의 입장을 그 문제에 관한 깊은 성찰과 연구 결과를 연설을 통해 보여준 것이다.

둘째는 열정이다. 정치인들은 대부분 그런 자리에 초청 받았을 때 안전하고 부드러운 주제를 택한다. 쿠오모 역시 다른 정치인들처럼 그렇게 할 수 있었을 것이다. 하지만 그는 자신이 마음속 깊이 느꼈던 주제를 선택했고, 그런 열정에 힘입어 그는 설득력 있는 연사가 되었다.

● ● 명연설은 모두 짧았다

어떤 사람이 친구로부터 긴 편지를 받았는데, 그 편지 끝에 너무 길게 써서 미안하다는 구절이 있었다. '시간이 없어서 짧게 쓰지 못했네, 미안하네.'

간략하게 말하기가 쉬운 일은 아니다. 특히 당신이 잘 아는 주제일수록 더욱 그렇다. 하지만 어떤 종류의 대화에서도, 하고 싶은 말을 간추려 핵심만을 피력할 수 있다면 거기에는 그만한 보답이 따른다.

간략하게 말하는 능력이 가장 많이 요구되는 경우는 물론 연설이다. '퇴장할 때를 알아.'는 연예계의 격언이 여기에서 다시 적용되는 것이다. 연설을 잘하는 사람들은 누구나 그때가 언제인지를 안다.

에이브러햄 링컨도 그 점을 잘 알고 있었다. 그의 게티스버그 연설은 채 5분도 걸리지 않았다. 1863년 11월의 그날, 링컨의 앞 차례에서 연설한 사람은 당대에 가장 인기 있던 연설가 에드워드 에버레트였다. 에버레트의 연설은 2시간이나 걸렸다. 하지만 그 두 연설 가운데 어느 것이 오늘날까지 우리의 기억에 남았는지는 우리 모두 분명히 알고 있다.

에버레트 자신도 링컨의 연설을 듣고는 그 위대함을 깨달았다. 그는 나중에 링컨에게 다음과 같이 편지를 썼다.

"제가 한 2시간의 연설이 각하께서 하신 단 2분간의 연설 내용과 엇비슷하기만 해도, 저에게는 큰 기쁨이 될 것입니다."

전통적으로 미국의 국민들이 참고 들어주어야 했던 긴 연설로는 대통령 취임사가 있다. 그런 연설들은 대부분의 청중들을 극도로 지루하게 만들었다. 그런데 실제로 윌리엄 헨리 해리슨 대통령은 자기 연설 때문에 스스로 죽음을 맞이했다. 1841년 3월 4일, 그는 혹한 속에서 장시간 취임사를 했다. 그 취임사는 1시간 이상 걸렸는데, 그 때문에 그는 폐렴에 걸리고 말았다. 그리고 한 달 뒤에 사망했다.

반면에 역사상 가장 짧은 취임사 중 하나는 많은 사람들의 기억에 가장 많이 남아 있고 지금까지도 널리 인용되고 있다. 그것은 1961년 1월 20일 존 F. 케네디의 취임사이다. 1950년대에는 많은 미국인에게 무기력의 시대였다. 그런 시대를 벗어나 새 시대를 맞이하면서 신임 대통령은 미국 국민의 분발을 촉구했다.

"친애하는 국민 여러분, 국가가 여러분을 위해서 무엇을 해줄지 묻지 말고, 여러분이 국가를 위하여 무엇을 할 수 있을지 물으십시오."

냉전이 한창 고조되고 있을 무렵, 케네디는 어떠한 외세도 미국을 위협할 수 없음을 단호하게 천명했다.

"우리에게 선의를 가졌든 악의를 가졌든, 지구상의 모든 나라가 분명하게 깨달아야 할 점이 있습니다. 우리는 자유의 유지 및 성장을 위해서 어떤 대가라도 치르고, 어떤 부담도 감수할 것이며, 어떤 고난도 마다하지 않으며, 어떤 적과도 맞서 우리의 우방을 지원할 것입니다."

유명한 작가이자 시인이며 역사가인 칼 샌드버그는 링컨 대통령의 전기를 써서 퓰리처상을 받았다. 그는 친구들에게 케네디의 취임사에 관하여 다음과 같이 존경심을 표했다.

"바로 저것이 링컨식이야."

케네디의 취임사는 채 15분이 걸리지 않았다. 간결함이라면 윈스턴 처칠이 단연 최고다. 2차 세계대전 초기에, 그는 런던 교외에 있는 자기 모교의 초청을 받았다. 당시 처칠은 전시 지도자로서 자기 인생의 최고봉에 있었고, 영국뿐만 아니라 전 유럽의 기대를 한 몸에 받고 있었다. 그 시절 영국 국민은 히틀러의 런던 공습에 시달리고 있었고, 2년 이상이나(일본의 진주만 기습으로 인하여 미국이 참전하기 전까지) 독일군에 맞서 고전을 면치 못하고 있었다.

1941년 10월 29일, 그는 모교인 해로우 스쿨에 가서 학생들에게 이렇게 말했다.

"굴복하면 안 됩니다. 절대로, 절대로, 절대로, 절대로 굴복하면 안 돼요. 상대가 크든 작든 대단하든 보잘것없든 굴복하면 안 됩니다. 명예와 선의를 제외하고는 그 어느 것에도 굴복하면 안 됩니다."

그 말만을 하고 그는 자리에 앉았다. 그 몇 마디가 그가 한 연설의 전부였다.

우리들 가운데 자유 세계의 지도자 입장에서 연설할 사람은 거의 없을 것이다. 전쟁이나 평화 또는 국가의 생존에 관해서 연설할 일도 없을 것이다. 그러나 보통 사람의 연설도 연사 자신이나 청중에게는 중요하다. 그 대신 유명한 연설가의 연설에는 배울 점이 많다. 모든 분야에서 성공한 사람들은 다 그렇겠지만, 연설로 성공한 사람들도 자신의 의사를 효과적으로 표현하는 능력이 있어 성공한 것이다.

그들에게서 배울 점은 무엇보다도 간결함이다. 링컨, 케네디, 처칠과 같은 사람들이 연설의 효과를 높이려고 말을 짧게 했다면, 우리 역시 그들을 따르는 것이 현명할 것이다.

● 위대한 연설가들의 KISS 법칙

위대한 연설가들이 공통적으로 지킨 원칙을 정리한 말이 있다. 그것은 'KISS'다. 이는 'Keep It Simple, Stupid(단순하게 그리고 머리 나쁜 사람도 알아듣게 하라)'는 말을 축약한 것이다. 위에서 예를 든 세 사람의 세계적 지도자들의 연설에는 진부한 표현, 과장된 문장, 전문용어, 유행어들이 전혀 들어 있지 않다. 평이하고 단순한 표현으로 감동적인 연설을 할 수 있는 것이다.

그들의 예를 교훈 삼아 따른다고 해서 당신이 처칠이나 케네디가 될 수는 없겠지만, 적어도 당신의 논지를 분명하게 전달할 수는 있다. 그리고 그렇게 할 수 있으면 이미 당신은 효과적인 연설을 한 것이다.

● 간결하게, 쉽게, 인상적으로

나는 연설을 마무리할 때 자주 이런 말을 한다.

"다음번 연사를 구할 때에는 요기 베라를 초청하시오."

이렇게 말하면 사람들은 항상 깜짝 놀란다. 그 말을 듣는 사람들이 지금 무슨 생각을 하는지 나도 잘 알고 있다. 저 친구는 대통령, 외국의 원수, 회사 사장들, 일류 운동선수, 인기 배우, 연예인, 뇌 전문 외과의사, 우주인 등등 안 만나본 사람이 없다더니, 겨우 요기 베라를 초청하라고?

하지만 여기에는 이유가 있다. 요기는 현명한 사람이다. 그는 늘 우화를 통해서 자기가 하고 싶은 말을 전달한다. 언뜻 들어서는 그의 이야기를 이해하기 힘들지만 사실은 그 안에 궁극적인 진리가 들어 있다.

내가 요기를 최고의 연사들과 동급으로 생각하는 데는 그만한 이유가 있다. 요기 베라는 양키즈 팀에서 선수로 뛸 때 통산 250게임 이상을 외야수로 뛰었다. 양키즈 스타디움은 해가 저물 때 생기는 그늘로 유명하다. 특히 월드 시리즈가 열리는 9월과 10월에는 해가 일찍 지는 만큼 구장에도 그늘이 더 일찍 찾아온다. 따라서 날아오는 공을 시야에서 놓칠 수 있기 때문에 이 그늘이 특히 좌익수에게는 골칫거리였다. 그래서 쉽게 보이는 공도 간신히 잡는 경우가 자주 나왔다.

어느 해인가 시즌이 끝날 무렵이었는데 요기가 좌익수로 뛰었다. 경기가 끝나고 기자가 찾아와서 그에게 그늘을 어떻게 생각하느냐고 물었다. 요기가 대답했다.

"저기서는 날이 일찍 저물어요."

어떤 천재도 그 말을 요기만큼 간결하고도 분명하게 표현하지는 못했을 것이다. 요기의 말은 복잡하지도 어렵지도 않았다.

언뜻 들으면 논리적이지도 않지만, 간단하고 평이하기 때문에 누구나 알아들을 수 있다. 같은 뜻을 전달하기 위해서 길고 복잡하게 말하는 사람보다 요기는 말을 훨씬 잘한다.

요기는 1964년에 양키즈 팀의 감독이 되었다. 기자 한 사람이 찾아와서 무엇이 있어야 훌륭한 팀이 되느냐고 물었다. 요기의 대답은 단 두 마디였다.

"훌륭한 선수."

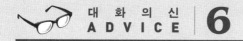

청중 앞에서는 당신이 가장 잘 아는 것을 말하라

청중 앞에서 연설을 잘하기 위해서는 당신이 잘 아는 일에 관해서
말해야 한다. 잘 모르는 주제나 광범위한 이야깃거리를 말하면 연설
은 더욱 힘들어진다. 그저 당신이 보고 느낀 것을 토대로 말하면 된
다. 그런 식으로 접근하면 틀림없이 당신 자신도 훨씬 편안함을 느
낄 수 있을 것이고, 청중 또한 당신의 이야기에 흥미를 가질 것이다.

연설에도 준비가 필요하다

연설 전에는 원고를 작성하든지 아니면 요점만을 메모하든지 사전
에 충분한 연습이 필요하다. 연설을 여러 번 미리 연습해봄으로써
그 내용, 속도 그리고 표현 방식 등을 익혀 두어야 한다. 또한 연설
시간을 재보는 것이 좋다. 당신에게 할당된 시간이 얼마나 되는지
를 미리 알아보고 그 시간에 맞추는 연습 또한 반드시 필요한 사항
이다.

항상 청중 입장에서 생각하라

연설 전에는 청중의 기호를 파악하고 그들의 관점에서 생각하라.
그것을 청중들에게 드러낼수록 그들과의 연대감이 생긴다. 또한 링
컨과 케네디의 명연설처럼 짧고 간결하게 말하는 연습을 하라. 세
계적 지도자들의 연설에는 진부한 표현, 과장된 문장, 전문용어, 유
행어들이 전혀 들어 있지 않다. 평이하고 단순한 표현으로 감동적
인 연설을 할 수 있다.

CHAPTER 7

대중 앞에서도
주눅 들지 않는 대화법

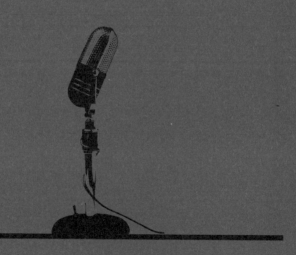

● 진심은 편안할 때 드러난다

당신이 대중 앞에서 말하기에 성공했다면, 방송국에서 출연을 요청할 것이다. 하지만 겁낼 것은 없다. 지금까지 이 책에서 배운 여러 기술을 구사한다면 방송에서도 성공할 확률이 매우 높기 때문이다.

TV로 방송되는 대화에서 내가 사용하는 접근법, 게스트와 대담하면서 겪은 경험 몇 가지, 그리고 방송 매체에 관하여 염두에 두어야 할 점 몇 가지를 살펴보자.

나는 CNN 방송 카메라 앞에서 대화할 때, 그 카메라가 우연히 내 앞에 있는 것이라 여긴다. 그것과 대결해야 한다는 느낌은 전혀 갖지 않는다. 이 점에서 나는 ABC의 앵커 샘 도널슨과 다르다. 나는 게스트에게 검사가 신문하듯이 공격적인 질문을 해야 분명하고 내용 있는 대답을 끌어낼 수 있다고는 생각하지 않는다. 나는 부드러운 분위기를 유지하면서 게스트를 개인적인 차원으로 유도하는 것을 좋아한다. 그렇게 함으로써 재미있고 흥미로운 대담이 이루어진다고 믿는다.

대담 프로그램이 시청자에게 말해주는 바가 아무것도 없다면 나 자신에게나 출연한 게스트에게나 아무런 도움이 되지 못한다. 따라서 무언가 전하는 내용은 있어야 한다. 동시에 재미있지 않고서는 아무 내용도 전할 수가 없다. 왜냐하면 내용이 전달되기도 전에 시청자들은 리모컨을 잡을 것이기 때문이다.

댄 퀘일과 대담하면서 아무도 예상하지 못했던 대답을 끌어낸 일화는 앞에서 소개한 바 있다. 만일 자기 딸이 낙태하겠다고 한다면 딸의 의견을 존중하겠다는 퀘일의 답변은, 앞에서 밝힌 바와 같이, 내가 그의 말을 주의 깊게 경청하지 않았다면 끌어내지 못했을 것이다.

퀘일의 예에서 또 하나 중요한 점은 내가 그 대답을 끌어낸 방식이 우리 두 사람 모두에게 거부감을 일으키지 않았다는 점이다. 그런 종류의 솔직한 답변을 끌어내기 위해서는 사회자가 2가지 요소를 구비하고 있어야 한다. 우선 상대방이 질문에 대해서 편안한 느낌을 가질 수 있도록 배려해야 하고, 나아가 질문 하나하나를 잘 판단해야 한다.

나는 조 디마지오의 아들, 조를 마이애미에서 인터뷰한 적이 있었는데 그때에도 비슷한 경험을 했다. 조와 함께 그토록 유명한 아버지로부터 이름까지 물려받은 아들로서 살아간다는 것이 어떠한 것인지에 대해 30분 동안 대담을 했다.

대담이 진행되면서 이야기가 아주 자연스럽게 부자 관계로 옮겨가게 되었다. 마침내 내 질문은 그의 부모님에 관한 가장 근본적인 문제에 도달하였다.

"아버지를 사랑하세요?"

아들 조는 한동안 생각에 잠긴 후에 이렇게 대답했다.

"아버지가 하신 일을 사랑해요."

"아버지는요, 사랑하세요?"

다시 오랜 침묵이 흘렀다. 그리고 나온 대답은 이것이었다.

"저는 아버지를 인간적으로는 잘 몰라요."

아버지 조에게도 부자 관계에 관하여 그 나름대로 틀림없이 할 말이 있을 것이다. 그가 내 쇼에 출연했다면 그 문제에 관하여 충분히 설명할 기회를 가질 수 있었을 것이다. 그러나 그는 가정생활에 관한 언급은 완강하게 거부하였으므로 출연 요청이 있었더라도 거절했을 것이다.

만일 대담 첫머리에서 아버지를 사랑하느냐고 물었다면, 아마도 그의 대답은 "물론이죠."와 같은 상식적인 것이 되었을 가능성이 크다. 하지만 우리가 서로 편안해진 다음 그 질문을 했기 때문에 그는 좀 더 솔직하게 대답했다.

나는 시청자들이 궁금해한다면 다른 사람에게 좀 멍청해보이는 질문이라도 서슴지 않고 한다. 전 세계의 시청자가 지켜보는 가운데 나는 다른 앵커들이라면 결코 물어보지 않을 질문을 한 적이 여러 번 있었다.

1992년 선거기간 중에 나는 부시 대통령에게 "빌 클린턴을 싫어하십니까?"라고 물었다. 많은 언론인들이 이 질문은 선거와 하등 상관이 없다고 주장할지 모르지만, 나는 그 질문이 선거와 아주 밀접한 관계가 있다고 생각했다. 그 질문으로 선거에서 후보자가 상대 후보를 대하는 태도를 보여주고 싶었던 것이다. 그들은 미국 땅에서 최고 지위에 오른 사람인 만큼 이 문제는 중요했다. 우리는 모두 인간이다. 대통령이라고 해서 예외는 아니다. 내 질문은 TV 시청자들이 궁금하게 여기던 것이었고 그래서 나는 그것을 물었다.

리처드 닉슨과 대담할 때에는 이런 질문을 한 적도 있다. "워터게이트 사건으로 곤경에 처했을 때, 기분이 어땠습니까? 별일을 다 당한다고 생각하셨나요?" 레이건 대통령과 재직 중에 만난 마지막 대담에서는 "총에 맞아보니 어떠하더냐?"고 물었다. 1981년 존 힝클리가 그를 저격한 사건을 두고 보통 기자라면 아마 다른 방향에서 질문했을 것이다. 하지만 대부분의 사람들은 내가 질문한 바로 그점을 궁금해할 것이다. 확실히 장담할 수 있다.

내 토크쇼에서 나는 결코 다 아는 대답을 들으려고 질문하지는 않는다. 출연자의 답변을 듣고 시청자들이 보이는 반응과 똑같은 방식으로 나 자신이 반응할 수 있기를 원한다. 그러나 내가 대답을 미리 안다면 그렇게 될 수는 없다.

● 모든 질문에 답을 할 필요는 없다

대부분의 사람들이 방송 대담을 처음 해본다면 그것은 사회자로서가 아니라 출연자로서일 것이다. 이런 경우에는 보이스카우트의 원칙대로 빠짐없이 미리 준비해야 한다. 인터뷰에서 성공하는 첫 번째 비결은 상대방이 인터뷰를 주도하게 하지 말고 당신 자신이 주도하는 것이다. 이 점은 취직 면접이나 신문사와의 인터뷰나 방송 대담이나 할 것 없이 똑같다.

대담을 주도하려면, 먼저 그 주제에 관하여 철저하게 알고 있어야 한다. 중요한 것은 상대방보다 당신이 더 많이 알고 있다고 스스로 끊임없이 다짐하는 일이다. 만일 뉴스에 나가는 인터뷰라면 명심해야 할 것이 하나 더 있다. 모든 질문에 빠짐없이 대답해야 할 의무,

또는 질문자가 원하는 대로 자세히 털어놓아야 할 의무, 심지어는 그 인터뷰에 응해야 할 의무가 전혀 없다는 점이다. 그리고 다른 일과 마찬가지로 골치 아픈 질문을 받았을 때 유머로 빠져나감으로써 오히려 그 인터뷰가 성공리에 끝날 수도 있는 것이다.

법정의 증인석에 앉아 있다든지 또는 재판과 관련된 진술을 행할 때를 제외하면, 질문에 꼬박꼬박 답해야 할 필요는 없다. 설령 재판에 관계된 진술이라 하더라도 기억나지 않는 것을 말할 수는 없다. 때때로 사람들은 초조한 나머지 기억나지도 않는 일을 사실인 것처럼 말하고 마는데, 그랬다가 나중에 그것이 사실이 아님이 밝혀지면 위증 혐의까지 받게 된다. 기억이 나지 않는다면, 그렇다고 말하면 된다. 무언가를 기억하지 못한다는 이유만으로 감옥에 가지는 않는다.

만일 당신이 그 자리에 없었다면, 그 역시 그대로 말하면 된다. 그러나 이 점을 명심해라. 그 자리에 있었으면서 그렇지 않았다고 대답했다가는, 공개적으로 창피를 당하든지 심한 경우 법적인 처벌을 받는 등 문제가 커질 것이다.

당연한 말이 되겠지만, 언제나 진실만을 말하라. 기억이 나지 않는 것이 사실일 때는, 기억나지 않는다고 말하는 것을 결코 두려워할 필요가 없다. 그리고 뉴스 인터뷰를 포함해서 어떤 인터뷰를 하든, 질문에 대해서는 걱정하지 마라. 질문이 맘에 들지 않으면, 얼마든지 말머리를 돌릴 수 있는 것이다.

다음은 기업체의 경영진, 정부 관리, 유명 인사나 방송계의 내 동료들이 대답하기 싫은 질문을 피할 때 흔히 사용하는 대답이다.

"지금 그 질문에 대답하기에는 시기상조인 것 같습니다."

"보고서를 아직 읽어보지 않았기 때문에 그 질문에 대하여 뭐라 말할 수 없습니다."

"그 사건에 관해서는 현재 사법 당국의 재판이 진행되고 있기 때문에, 저로서는 언급할 수 없습니다."

"이미 조사가 완료되었으니, 상세한 보고서가 곧 나올 것입니다."

"가상적인 질문이군요. 저는 가상적인 문제는 말하지 않습니다."

요즘 뉴스 인터뷰에서 최악의 답변은 '노코멘트'다. 그 말은 과거에도 썩 좋은 대답은 아니었지만, 어쨌든 지금도 쓰인다. 하지만 오늘날과 같이 말이 많고 각종 매체들이 번성하는 시대에, '노코멘트'는 곧 문제가 있다는 말로 해석된다. 떳떳하다면 노코멘트라고 하지 않고 질문에 답했을 것이다.

대담 도중에 이야기의 흐름이 거북한 방향으로 흘러간다는 것을 눈치챘으나 빠져나올 수 없는 경우라면, 이때 해결책은 솔직해지는 것이다. 타이레놀 회사의 경우가 그렇다.

1980년대에 누군가 타이레놀 캡슐 안에 독극물을 주입한 사건이 일어났다. 이로써 그 회사 제품 전체의 신뢰도가 타격을 받게 되었다. 그러나 제조 회사인 존슨앤존슨사는 그 사실을 축소하여 은폐하려 하지 않고 오히려 솔직한 자세로 대처했다.

회사의 간부들이 TV에서 인터뷰를 자청하고 소비자들에게 그 사건에 관하여 사과했다. 그들은 광고를 아예 하지 않는 것을 광고 전략으로 삼았다. 그들은 진실을 말했다.

"이런 끔찍한 일이 발생했습니다. 하지만 우리 회사 제품 자체는 안전합니다. 그런 일이 다시는 발생하지 않도록 최대한의 주의를 기울이고 있으며 제도적 장치도 마련했습니다. 그러니 아무 염려하지 마시고 계속 타이레놀을 구입하셔도 됩니다."

그 결과 타이레놀 제품에 대한 공중의 신뢰가 회복되었고 회사 전체가 그 정직한 태도에 힘입어 존경까지 받게 되었다.

존 케네디와 자넷 리노의 행동도 비슷했다. 1961년에 케네디 행정부는 쿠바의 피그만에 군대를 투입시켰다 실패하고, 국내외적으로 망신을 당했다. 사실 그 작전은 아이젠하워 행정부에서 기획된 것으로서, 케네디 행정부는 단순히 전 행정부의 계획을 실행한 데 불과했기 때문에 정보부서의 무능에서 기인한 것이라고 말할 수도 있었다. 하지만 케네디는 그렇게 하지 않았고 다만 자신에게 모든 책임이 있다고만 말했다.

1993년 텍사스 와코에 모인 데이비드 코레시의 사교 집단을 해산시키는 과정에서 발생한 비극이 있었다. 그때 법무장관에 취임한 지 몇 달밖에 되지 않았던 자넷 리노의 태도 역시 똑같았다.

케네디와 리노의 지도자로서의 자질에 관해서는 여러 가지 의견이 있을 수 있지만, 그들이 문제에 떳떳하게 맞섰고 그러한 솔직한 태도로 말미암아 오히려 존경받게 되었다는 사실까지 부인하지는 못할 것이다.

인터뷰에서 예리한 질문을 피하는 데는 미국 군부의 관료들이 전문가다. 미 공군의 공보 부서에는 오래된 지침이 하나 있다. 전시가 아닌 상황에서 공군기가 추락하는 사고가 나면 해당 부대의 공보 담당 장교가 즉각 2가지의 해명 발표를 내도록 되어 있는 것이다.

1) 정규 훈련 임무를 수행 중이었다.
2) 조사 위원회가 구성되어 현재 진상 조사 중이다.

둘 다 그럴듯한 해명이다. 또 신속하게 해명함으로써 공군 당국은 사고에 적극적으로 대처하고, 사고에 관한 국민의 알 권리를 충족시켜 주는 것으로 보이기도 한다. 동시에 그러한 해명을 발표함으로써 비난과 의혹의 눈길을 피하면서 진상 규명에 필요한 시간을 벌게 되는 것이다.

● ● 토크계의 제왕도 쉼 없이 노력한다

라디오와 TV에서 살아남고 나아가 성공을 거두는 데에 도움이 될
만한 조언 5가지를 소개한다. 이것들은 내가 방송계에서 일해오면
서 나 자신의 경험과 동료들과의 대화를 통하여 간추린 내용이다.

1) 편안하게 즐길 수 있는 것만 하라.
2) 세상의 흐름을 숙지하라.
3) 실수에 얽매이지 마라.
4) 라디오와 TV에 본질적으로 같은 방식으로 접근하라.
5) 목소리, 말투와 어감, 외모 등의 중요 요소들을 향상시켜라.

즐길 수 없다면 하지 마라

라디오와 TV에 출연한다는 것은 곧 당신 자신, 또는 회사, 또는 어
떤 조직체를 대변하는 일이다. 이 일을 성공적으로 수행하기 위한
첫 번째 비결은 당신 자신이 그 일을 편하게 느껴야 한다는 점이다.
인터뷰가 싫으면 차라리 하지 마라.

　회의장 밖으로 나오는데 누가 당신에게 마이크를 들이댄다면, 내
가 앞에서 소개한 표현들을 사용하여 피할 수 있다. 이 점에 관해서

는 재키 글리슨의 충고를 따르는 게 현명하다.

"나는 무슨 일이건 즐기면서 하고 싶다. 일이니까 한다는 기분으로는 아무 일도 하고 싶지 않다."

껄끄러운 주제라든가 잘 모르는 주제 같으면 인터뷰 자체를 거절하라. 대신 다른 사람을 보낼 수도 있을 것이다. 아니면 그냥 사람을 잘못 찾았다고 말해줄 수도 있다.

세상의 흐름을 숙지하라

같은 의미에서 항상 '젊게' 살라는 말을 할 수 있다. 최근 가장 인기 있는 TV 프로그램 또는 영화가 무엇인지, 한참 인기를 얻고 있는 가수나 배우가 누구인지 알고 있어야 한다. 그날그날 무슨 일이 벌어지고 있는지, 그리고 전문가적인 지식을 갖출 필요는 없지만 뉴스에서 무슨 일을 다루고 있는지 대충은 알아야 한다.

나의 10대, 20대, 30대까지는 프랭크 시나트라, 글렌 밀러, 조 디마지오, 프랭클린 루스벨트 등이 그 시대의 유명 인사였다. 그러나 나이가 들어감에 따라서 유명 인사들도 바뀌었고 그만큼 시대도 변했다. 조금 지나자 재키 로빈슨이나 드와이트 아이젠하워가 사람들의 화제에 오르내렸고, 그다음에는 존 F. 케네디와 엘비스 프레슬리가 그 자리를 차지했다. 우리가 자랄 때는 지르박이 유행이었지만 요즘에는 록 또는 랩 음악이 유행이다. 내가 그런 것들을 싫어할지라도 알고는 있어야 한다.

1950년대 이후 몇십 년 동안은 냉전이 무엇인지에 관해서 조금은 알고 있어야 했지만 이제는 그것이 끝났다는 점을 알고 있어야 한다. 예전에는 소련에 대해서 알아야 할 필요가 있었다. 그러나 이제는 보스니아에 관해서 조금은 말할 수 있는 능력이 있어야 한다.

클린턴 대통령이 MTV에 출연한 것 역시 같은 이유에서다. 클린턴은 그 쇼에 출연함으로써 자기가 단순히 세상의 흐름을 따른다는 점만을 보인 것이 아니다. 그는 자기가 그 흐름의 일원임을 보여줌으로써 미국의 어린 세대 및 투표권을 행사하는 부모 세대의 관심과 사고방식을 본인도 알고 있음을 드러낸 것이다.

실수에 얽매이지 마라

실수할지도 모른다는 부정적인 느낌에 너무 얽매이지 마라. 부정적인 면에 신경을 쓰면 실제로 그 일을 잘못하게 되고 만다. 쇼에 출연할 때의 차림새라든가, 인터뷰에서 하는 답변이 당신 자신에게뿐만 아니라 다른 많은 사람들에게 중요하다 할지라도, 그것이 현대 문명의 흐름을 바꾸지는 못한다는 사실을 기억하면 도움이 될 것이다.

존 로웬스타인은 재능 있는 야구 선수로서 16년 동안 메이저리그에서 활약하다가, 이후에는 볼티모어 오리올스 팀 전속 해설자로 방송에 종사했다. 그가 오리올스 팀의 선수로 뛰고 있을 때 한번은 결정적인 상황에서 번트를 실패한 적이 있다. 경기가 끝난 뒤에 기자가 찾아와서 그 일에 대하여 물었다. 케이시 스텐젤과 요기 베라 이래 야구계에서 가장 독창적인 철학자인 존 로웬스타인은 이렇게 대답했다.

"보세요, 중국에는 10억이라는 인구가 살고 있어요. 하지만 내일 아침 그들 가운데 내가 번트를 실패했다는 사실을 알 사람은 아무도 없어요."

자, 그러니 마음을 놓으라.

TV와 라디오는 결국 같다

TV에서는 외양이 중요하지만 라디오에서는 그렇지 않다. 이 점만 제외하면 라디오와 TV는 결국 마찬가지다.

나는 의사 전달이 직업인 사람이다. 그리고 나는 그 일을 말로 한다. 방송에 몸담은 50여 년 동안 라디오 프로그램이든 TV 프로그램이든 게스트를 대하는 나의 자세는 똑같았다. TV 방송의 경우, 나는 카메라가 나를 따라오게 만들지 내가 카메라를 쫓아다니지는 않는다.

라디오 방송의 경우 차림새가 중요하지 않기 때문에 나는 자주 청바지를 입는다. 물론 TV에서는 절대로 그러지 않는다. 아침에 TV 방송이 있는 날이면 흰 셔츠에 타이를 맨 채로 점심을 먹고, 바로

버지니아 주 알링턴에 있는 내 콘도로 가서 청바지로 갈아입은 뒤, 오후에 라디오 방송을 했다. 그다음에는 다시 저녁 TV 쇼를 위하여 멜빵바지를 입고 타이를 맸다.

목소리를 개선하고 최대한 잘 차려입어라

라디오와 TV 모두 목소리가 중요하다. 목소리를 통하여 말하는 사람의 능력과 권위가 투영되기 때문이다. 방송인 가운데는 목소리가 훌륭하지 않아도 훌륭한 효과를 거두는 사람들이 있다.

에드윈 뉴맨이나 레드 바버와 같은 사람들이 대표적이다. 하지만 그들은 타고나지 못한 목소리의 결함을 극복했기 때문에 예외적인 경우다. 즉, 목소리 대신에 다른 방법으로 능력과 권위를 투사한 것이다. 이를테면 뛰어난 언어구사 능력, 그리고 그 주제에 대하여 어떤 식으로 말해야 할지를 파악하는 해석 능력, 그리고 그 주제에 관한 해박한 지식과 깊은 열의 등을 통하여 그렇게 할 수 있었다.

나는 운이 좋게도 목소리는 꽤 괜찮게 타고난 편이다. 방송에서 통할 수 있는 좋은 목소리를 타고났기 때문에 목소리에 관하여 걱정해본 적은 없다. 하지만 만약 내가 지금 이 목소리를 가지고 태어나지 않았다고 하더라도 나는 노력을 통하여 그렇게 개선했을 것이다.

이러한 노력이 필요한 것은 방송인에게만 해당되는 말이 아니다. 어느 분야에서든 목소리는 성공을 위하여 매우 큰 요인인 것이다. 클린턴 대통령의 목소리가 가끔 이야깃거리가 된다. 만일 그의 목소리가 좀 더 강하고 깊었다면 훨씬 더 설득력 있는 인물이 될 수 있었을 것이다.

물론 TV 화면에 나와서 클린턴보다 좋은 인상을 남길 수 있는 사람은 별로 없을 것 같다. TV 화면에 비친 모습만을 두고 말할 때 그는 레이건과 더불어 케네디 이래 쌍벽을 이룬다는 것이 내 생각이다.

어떤 분야에 종사하든지 자신의 목소리가 더 좋아질 수 있을 것으로 보인다면 망설일 것 없이 발성법 강사를 찾아보는 것이 좋다. 도시 지역이면 어디에나 발성법 강의가 있기 마련이고, 이를 찾기 힘들다면 도서관에 가서 책을 찾아 참고할 수도 있다. 강사와 책을 동시에 구할 수 있다면 더욱 좋다.

방송계 동료들을 보면 발성은 훈련과 연습을 통해서 확실히 개선될 수 있다. 목소리가 직업과 관련하여 매우 중요하고, 자기의 목소리에 개선의 여지가 있다고 한다면 결론은 분명하다. 어떤 면에서 그리고 어떻게 하면 개선이 가능할지를 알아내어 그렇게 훈련하는 것이다.

젊은 바이올리니스트가 나이든 음악가에게 카네기홀로 가는 길을 물었다. 그러자 그 노음악가는 '첫째도 연습, 둘째도 연습, 셋째도 연습'이라고 대답했다. 물론 이 이야기는 길^{way}이라는 단어의 이중 의미와 관련된 농담이지만, 어쨌든 그 음악가의 대답은 시사하는 바가 크다.

목소리도 중요하지만 그에 못지않게 말을 효과적으로 전달하는 능력도 중요하다. 억양이 지나치게 단조롭다거나 소리가 작아서 잘 안 들린다거나, 말이 너무 빠르다는 등의 이야기를 자주 듣는다면 그러한 지적을 염두에 두고 개선해야 한다. 너무 빨리 말하는 경향이 있을 때에는 속도를 좀 늦추어야 하는데, 여기에는 당신 자신의 감정을 조절해야 하는 과제가 따른다.

이러한 문제를 해결하기 위한 좋은 방법 하나는 목소리와 친숙해지는 것이다. 이는 라디오와 TV의 세계에서 성패를 결정하는 핵심 요인 가운데 하나다.

목소리를 녹음해서 한번 들어보라. 자신의 목소리를 처음 들었을 때 대부분의 사람들은 '내 목소리가 저렇게 형편없었나?' 하고 실망하는 반응을 보이게 된다.

누구나 자신의 목소리를 처음 들어보면 그렇게 실망하는 것이 사실이다. 그러나 TV나 라디오에 나갈 일이 생기면 먼저 당신 자신의 목소리에 실망하지 않도록 준비해야 한다. 즉 목소리 때문에 주눅이 들지 않을 정도로 다듬어두어야 하는 것이다. 자신의 귀에 분명히 들릴 정도로 소리 나는 연습을 하면 된다.

질문을 몇 가지 가정하여 그 질문에 답변한다고 생각하면서 연습할 수 있다. 또는 친구나 동료에게 상대방의 역을 맡아 달라고 부탁하여 질문을 하게 할 수도 있다. 실제로 미국 정계나 재계의 지도자들은 기자회견에 앞서서 그런 식의 연습을 거친다. 이런 방식을 통하여 자신의 목소리와 친해지도록 하라.

그리고 자기 나름대로 적당한 말의 속도를 찾아내라. 자기 나름대로 적당하다는 것은 당신 자신에게 가장 자연스럽고 편안한 느낌을 주는 속도를 말한다. 이렇게 한 다음에 방송에 출연하게 되면 자신감을 훨씬 많이 가질 수 있을 것이고, 따라서 침착함도 유지할 수 있게 된다. 그럼으로써 자기 말의 설득력도 높이고 성공에 한 걸음 다가갈 수 있다는 점은 말할 나위가 없다.

TV에 출연할 때에는 외모 역시 중요하다. TV 화면에서 당신이 시청자에게 보여주는 사람은 다름 아닌 바로 당신 자신이기 때문이다. 따라서 가능한 한 잘 차려입어야 한다. 그리고 손톱이 깨끗한지 등 사소한 부분에 이르기까지 새신랑처럼 보일 수 있도록 신경을 써야 한다.

개인위생에 관해서야 여기서 논할 문제가 아니지만 내가 장담하건대 TV 카메라는 거짓말을 하지 않는다. 당신의 모습을 그대로 적나라하게 시청자에게 보여준다. 와이셔츠 또는 블라우스의 세 번째 단추가 열렸다면 시청자들의 눈에 그대로 포착된다. 방송국으로 출발하면서 잠깐 자동차의 윤활유를 점검하느라고 손톱에 검은 때가 좀 묻었다면 그것 역시 시청자의 눈에 금방 띄게 마련이다.

물론 긍정적인 면도 있다. 당신의 헤어스타일이 아주 멋있고 나머지 차림 역시 그럴듯하다면, 시청자의 눈에도 그대로 비치기 때문이다. 그렇게 되면 TV를 통하여 당신 개인과 당신이 속한 조직체를 대변하는 효과를 한층 높일 수 있다. 이 모든 점들이 TV에서는 특히 중요하다

● ● 정면돌파가 해답이 될 때도 있다

한 지방 행정기관에서 불미한 사고가 나서 평판에 큰 흠이 나게 되었을 때, 언론 매체를 곧고 바른 형식으로 상대함으로써 위기에서 벗어난 사례가 있었다. 평판에 흠이 나지 않게 했을 뿐만 아니라 결과적으로 더 좋은 평판을 얻게 된 경우이다.

워싱턴 교외 메릴랜드 주 몽고메리 카운티에서 있었던 일이다. 1960년대에 죄수 세 명이 밤사이에 탈옥한 사건이 발생했다. 다음 날 아침 그 지역의 공보관이 워싱턴 시와 메릴랜드 쪽 교외 지역의 모든 신문사 방송국에 연락을 하여 기자회견과 교도소 시찰을 행하겠다고 했다. 그리고 그 사건과 관련된 모든 사실을 취재진을 비롯한 편집진에게 공개하겠다고 밝혔다. 취재기자와 사진기자들에게 무슨 일이 일어났는지, 어떻게 그리 되었는지를 다 밝히고 탈옥수

들의 감방과 탈출 경로 등을 공개하겠다는 것이었다.

카운티의 행정 및 사법기관들은 크로빌에 있었다. 기자들이 크로빌로 오고 있는 동안에 그 공보관은 카운티의 책임자를 만났다. 책임자는 메이슨 버처라는 사람으로 긍정적인 사고와 행정 능력을 갖추어 주민의 존경을 받는 인물이었다. 공보관은 그에게 미디어를 상대로 어떤 말을 해야 할지 조언을 해주었다.

기자들이 도착하고 버처와 교도소장이 회견장에 나와 질문에 있는 그대로 솔직하게 대답했다. '노코멘트'라는 말도 하지 않았고 모호하게 말하지도 않았으며 언론에 적대적인 태도도 취하지 않았다. 회견이 끝난 뒤에는 (믿기지 않겠지만 틀림없는 사실이다) 버처와 교도소장이 손수 기자들을 안내하여 교도소로 갔다. 그리고 탈옥의 경로와 죄수들이 사용한 장비를 보여주었다.

그다음에 버처는 공보관이 일러준 대로 조사 위원회의 구성을 발표했다. 공보관은 공군 출신이었는데, 기억력이 좋은 사람이었음을 짐작할 수 있다. 조사 위원회가 진상을 조사할 것이며 나아가 장차 그와 같은 사건이 재발하지 않도록 개선안을 마련할 것이라고 발표했다.

탈옥수들은 얼마 지나지 않아서 검거됐다. 몇 달 뒤 조사 위원회는 사고 보고서를 작성했고 개선안을 마련했다. 그리고 조금 지나 교도소장이 물러났다.

카운티의 행정 당국에게 큰 망신이 되었고, 죄수를 제외한 모든 사람들에게 재난이 될 수도 있었던 사건이었다. 하지만 결과는 공보 부서에게 승리를 안겨주고 끝났다. 지방 신문의 사설은 찬사로 가득 찼다. 공무원들이 침착하고 올바른 태도로 그 상황에 잘 대처했다는 칭찬었다.

공무원들로서는 이와는 정반대로 행동할 수도 있었고, 그랬더라면 훨씬 나쁜 결과를 초래하게 되었을 것이다. 그들은 그렇게 하지 않고 당당하게 정면으로 상대하는 태도를 취했다. 그리하여 큰 승리를 거둘 수 있었다.

이 사례는 언론과의 관계에서 부정적인 상황을 긍정적인 것으로 전환시킨 고전적인 예에 해당한다. 또한 언론으로부터 질문을 받았을 때 그 문제와 관련된 모든 사람, 그리고 특히 당신 자신에게 이익이 되는 방향으로 대처한 사례의 고전이기도 하다.

임기응변 대처법, 케네디 vs 닉슨

케네디 대통령은 유머를 사용하여 곤란한 질문을 피해 가는 데 달인이었다. 1960년대에 민주당 안에는 젊고 진보적인 세력이 형성되어 당 지도부의 보수 성향을 비판했다. 그들은 스스로 '청년 민주당원the young democrats'이라 일컬었는데, 케네디의 정책 몇 가지 역시 그들의 비판 대상이 되었다. 어느 날 TV로 중계되는 기자 회견석상에서 기자 한 사람이 그 문제에 관하여 질문했다. 케네디는 그 문제에 대하여 길고 작위적인 변명을 늘어놓지 않았다. 그는 미소를 지으며 이렇게 대답했다.

"청년 민주당원이 되었든 청년 공화당원이 되었든 그 사람들에게 잘못이 있는 것은 아닌 것 같아요. 그런데도 어쨌든 이 시대는 우리 세대가 주도하고 있으니 우리 운이 좋았다고나 해야 할까요?"

수세에 몰려 방어에 힘쓰는 대신에 그는 오히려 공세를 취한 것이다. 젊은 세대의 짧은 연륜을 살짝 놀림으로써 웃음을 자아냈고, 기자와의 대화에서 승리했다.

닉슨 대통령은 이런 부분에서 취약한 면을 보였다. 워터게이트 사건으로 인하여 곤경에 처해 있을 때, TV로 전국에 중계되는 회견에서 댄 래더가 닉슨에게 아주 곤란한 질문을 하나 던졌다. 그러자 닉슨은 그 질문에 정면으로 대응하지도 않았지만 간단히 일축하고 다른 질문으로 넘어가지도 못했다. 그는 래더에게 반격을 가하려 했다.

"선거에 출마라도 할 작정이오?"

이에 대한 래더의 반응은 한술 더 떴다.

"저는 물론 아니죠. 각하의 계획은 어떻습니까?"

어떤 시청자들은 래더가 대통령에게 불손했다고 비판했지만, 다른 사람들의 생각은 정당한 질문은 정당한 대답을 들을 자격이 있

다는 것이었다. 그보다 10년 앞서 회견했던 케네디와는 달리 닉슨
은 기자회견에서 패배자가 되고 말았다.

대통령의 수준에서 조금 낮추어보자. 모 특별 위원회의 위원장을
맡고 있던 버지니아 주 페어팩스 카운티의 정치인 한 사람이 기자
회견장에 나왔다가, 그 위원회와 관련된 사항에 대해 충분한 준비
를 하지 않아서 비싼 대가를 치른 일이 있었다.

회견장은 기자, 마이크, 카메라 등으로 가득 차 있었고, 마침 다른
지방에서 온 한 공무원이 그 위원회의 업무 중에서 상당히 민감한
부분을 건드리는 질문을 했다. 그러자 그 위원장은 그런 질문을 전
혀 예상치 못했다는 듯 연신 더듬거리면서 '에', '저' 하다가 겨우 한
대답이 이거였다.

"현 시점에서 그 문제에 관하여 본 위원회로서는 아무런 입장도
취할 수 없다는 입장이 본 위원회의 입장입니다."

토론을 장악하는 법, 고어 vs 페로

1993년에는 북미 자유무역 협정NAFTA의 비준을 둘러싸고 앨 고어
부통령과 로스 페로가 〈래리 킹 라이브〉에 출연하여 토론을 했었
다. 이 토론에서 그들은 말은 어떻게 하며, 보디랭귀지는 어떻게 사
용하는지, 또한 대화에서 기본적인 부분을 어떻게 실수하여 패배를
자초하는지 등을 적나라하게 보여주었다.

1993년 가을의 어느 목요일 아침 8시 30분에 내 방의 전화가 울렸다.

"래리? 나 앨이오."

"앨이라니, 앨 누구신데요?"

"앨 고어요."

부통령의 용건은 NAFTA를 주제로 로스 페로와 TV 토론을 하고 싶다는 것이었다. 그 협정 비준안은 의회 표결을 앞두고 있었는데, 표결에 대한 대체적인 예상은 행정부가 패배하리라는 것이었다. 고어로서는 페로와의 토론을 클린턴 대통령이 승낙한 것만으로도 기뻐할 만한 일이었다. 왜냐하면 행정부 내에서도 그 토론에 찬성하는 사람은 클린턴 한 사람뿐이었던 것이다. 모두들 페로가 고어를 산 채로 잡아먹으리라고 예상하면서, 괜히 페로에게 전국적인 각광을 받을 기회를 제공하여 그의 지지층만 늘려주지 않겠느냐는 생각이었다. 페로는 TV 토론을 통하여 정치적으로 성장해왔으니 그 무대는 큰 호기였다.

페로 자신도 고어를 얕잡아본 것이 분명했다. 하지만 고어는 부통령으로서 그 문제에 대해서는 페로보다 훨씬 많이 알고 있었다. 게다가 상원의원으로서 닦아온 그의 언행, '결코 냉정을 잃지 마라', '적에 대한 경멸을 겉으로 드러내지 마라', '대답을 할 때는 상대의 눈을 정면으로 바라보며 확고한 자세를 취하라', '상대를 조롱하지 마라' 등은 그야말로 다른 사람의 모범이 될 정도였다.

반면에 페로는 쉽게 흥분했고 흐트러진 자세를 보였다. 상대의 말이 인신공격이라고 하면서 자신도 상대를 인신공격했다. 그런 장면을 보고 있던 시청자들은 저 정도의 대치 국면을 제대로 처리하지 못하는 사람이 어떻게 천문학적인 재산을 축적했는지 의아해할 정도였다.

의식적으로 그랬는지 아니면 각자의 자연스러운 몸의 자세가 그랬는지 잘 모르겠으나, 보디랭귀지도 큰 몫을 했다. 대부분의 사람들은 그 토론에서 고어가 승리하고 페로가 패배했다는 판정을 내렸다. 고어는 앉을 때부터 페로의 눈을 똑바로 볼 수 있는 방향을 잡았으나, 페로는 내 자리 쪽으로 향하고 앉아서 가능한 한 고어와 시선을 마주치지 않으려 했다. 또 고어는 자신감에 차 있었고 여유 있는 태도였으나, 페로는 전투적이었고 초조감을 드러냈다. 고어의 말은 확신이 가득한 반면 페로는 줄곧 고어가 자신의 말을 가로막고 중간에 끼어든다고 불평했다. 많은 사람들에게 이러한 상황은, 토론 주제에 대해 경험도 없고 잘 알지도 모르는 사람이 철저한 지식과 자신감으로 무장된 사람에게 어떻게 패하는지를 보여주는 전형이었다.

로스 페로의 장점 가운데 하나는 그의 긍정적인 사고방식이다. 그는 지금까지도 그 토론에서 자신이 패했다고 생각하지 않는다. 그리고 고어와 나에게 여전히 친근한 태도를 보인다. 그 토론이 끝난 4일 뒤에, 나는 페로를 우연히 만나게 되었다. 그 4일 동안 내가 들은 이야기는 그 토론 프로가 공전의 시청률을 기록했으며, 그날 밤 정치와 텔레비전의 역사를 다시 썼다는 얘기뿐이었다. 그래서 나는 그에게 이렇게 말했다.

"로스, 내가 죽으면 부고 란에 당신 이름이 첫 줄에 오를 것 같은 데요."

그러자 그도 맞장구쳤다.

"내 부고 란에는 당신 이름이 오를 거요."

나는 그 토론이 대단한 반향을 일으킬 줄 알았고, 그 예상은 적중했다. 케이블 TV 역사상 최고 기록인 2천 5백만 명이 그 프로를 시청했다. 그리고 그 형식 역시 새로운 가능성을 보여주었다.

텔레비전은 우리의 삶의 방식뿐 아니라 정치의 방식도 바꾸고 있으며 고어-페로 토론은 TV가 우리 삶에 미치는 영향을 극적으로 보여주었다. 그 토론은 정치나 다른 일들이 미래에는 어떤 식으로 이루어질지 많은 예시를 주었다. 히브리 대학을 위한 미국후원회에서 1994년 '스코푸스'상 수상자로 나를 선정했을 때, 클린턴 대통령은 내게 보낸 편지에서 바로 그 점을 지적했다. 그는 그 편지에서 미국 건국의 아버지들이 오늘과 같은 상황에서 헌법을 기초했다면 어땠을지 궁금해했다.

"헌법에는 대통령이 연방의 현황을 정기적으로 의회에 보고하도록 규정되어 있습니다. 그들의 의도는 무엇이었을까요? 지금 우리가 알고 있는 만큼만 그들도 알았다면, 게스트 몇 명에 전화 몇 대만 있으면 연방의 현황이 어떠한지 파악할 수 있다는 점을 그들도 알았을 겁니다. 실은 세계의 현황을 날마다 알 수 있지요. CNN이 생중계로 보도하니까요."

이것은 여간 과장된 표현이 아니다. 하지만 실제 그렇게 될 날이 그리 멀지는 않을지 모른다.

고어-페로 토론을 준비하면서 내 스스로 다짐한 점이 있다. 이는 야구를 비롯한 모든 스포츠에서 심판들이 결코 잊어서는 안 될 사항이기도 하다. 심판을 구경하러 오는 사람은 아무도 없다. 내 쇼에 고어와 페로가 출연하여 NAFTA에 관하여 토론한다고 했을 때도, 내가 사회를 얼마나 잘 보는지 알고 싶어서 채널을 고정시키는 사람은 없다는 사실을 다시 한 번 더 인식했다. 고어와 페로가 주인공이니까 나를 드러내는 일은 삼가야 할 일이었다.

그날 밤 내가 맡은 역할을 당신도 맡아야 할 때가 종종 있을 것이다. 다음에 당신이 각종회의, 세미나, 워크숍, 기타 온갖 모임에서 사회를 보게 될 때, 도움이 될 수 있는 이야기를 조금 하겠다.

이는 어떤 의제 또는 문제에 대해 두 사람 이상이 만나 찬반양론을 펼치는 상황이면 어디에서나 적용될 것이다. 중간에서 조정 역을 맡은 사람이 할 일은 엄정한 중립을 지켜 토론이 제대로 진행되도록 하는 것이다. 쌍방의 발언 시간도 균등하게 분배하고, 토론이 주제 밖으로 흐르는 것을 막아야 하며, 청중의 질문을 받을 때는 질문의 어조라든가 그 길이, 내용 등을 적절하게 조정해야 한다.

그 자리가 의회의 안건을 다루는 자리는 아닐지라도, 당신에게는 중요한 자리이다. 당신이 능력 있는 심판이라면 당신의 역을 훌륭하게 해낼 것이고, 참석자들 역시 친구로서 헤어질 수 있게 될 것이다.

● SNS 시대, 소통은 더욱 중요하다

1994년 5월 뉴올리언스에서, '정보 초고속도로infomation super highway'에 관한 좌담회가 열렸는데, 내가 그 사회를 보았다. 워싱턴에서 조금 떨어진 버지니아 주 헌든에 있는 '뉴브리지 네트워크'란 회사가 주최한 뜻깊은 행사였다. 초대 손님은 그 분야를 주도하고 있는 여러 회사의 고위 경영진들이었다. 좌담회를 마치고 워싱턴으로 돌아오는 비행기에서 확고부동한 한 가지 생각이 떠올랐는데, 바로 '미래는 과거와 같지 않다'는 생각이다.

그 좌담회에 참석하여 토론의 내용을 경청한 사람이라면 누구나 그러한 결론에 도달하지 않을 수 없었을 것이다. 참석자들은 모두 커뮤니케이션 분야의 전문가들로서 현재의 의사소통 방식, 미래의 방식, 그리고 그런 방식들이 궁극적으로 우리 삶에 미칠 변화 등을 논의했다.

그들이 지적한 바와 같이, '정보 초고속도로'는 벌써 우리의 현실 속에 자리 잡고 있고, 지금 상황은 이미 존재하는 통신망에 추가 선로를 설치하는 것이다. 우리는 이미 스마트폰, 팩시밀리, VCR, 자동 응답기, 음성 사서함, 초미니 컴퓨터, 전자 게시판 등을 사용하고 있다. 앞으로 10년이 지나면 훨씬 더 다양한 종류의 커뮤니케이션 장비가 출현하게 될 것이다. 그리고 이미 우리는 SNS를 통해 자신의 생각을 다양한 방식으로 표현하는 시대에 살고 있다.

이러한 전자 미디어에서 쏟아지는 정보의 홍수 속에서 대화는 점점 한쪽으로 밀려나게 될 것이라고 염려하는 사람들도 있다. 그러나 내 생각은 정반대다. 오히려 이러한 새로운 장비 때문에, 대화는 그 어느 때보다 많아질 것이고 더욱 다양한 방식으로 전개될 것이다. 인간이 존재하는 한 대화는 계속될 것이다. 사실 그 좌담회에서 나는 바로 그 점을 느꼈다. 21세기에 어떤 새로운 기술이 개발되든지, '말하지 않고는 살 수 없다.'는 것이 변함없는 진리다.

그뿐만 아니라 무엇이 새로 발명되든 어떤 놀라운 우주 장비가 개발되든, 성공은 언제나 가장 기본적인 데서 나오는 것이다. 탁자를 사이에 두고 대화를 나누든, 컴퓨터 통신을 통해 의견을 교환하든, 말을 잘하기 위한 원칙은 변하지 않는다. 결국 이 모두가 다른 사람과 접촉하는 일인 것이다.

어떤 형태로 대화가 이루어지든지, 훌륭한 화자가 되기 위해서는 열린 마음, 열의, 상대의 말을 경청하는 자세 등을 갖추어야 한다. 열두 사람이 모든 마을회관에서 말을 하든 아니면 위성을 통해 중계되는 최첨단 회의에서 말을 하든, 사람들 앞에서 말하기는 결국 마찬가지다. 철저한 준비, 청중에 대한 이해, 그리고 간결한 표현은 성공적인 연설을 위하여 항상 필요한 요소이다.

솔직한 답변을 이끌어내기 위해 편안한 분위기를 만들어라

검사가 심문하듯이 공격적인 질문을 해야 분명한 대답을 끌어낼 수 있는 것은 아니다. 부드러운 분위기를 유지하면서 상대방을 개인적인 차원으로 유도함으로써 재미있고 흥미로운 대화가 이루어진다. 상대방이 질문에 대해서 편안한 느낌을 가질 수 있도록 배려하는 것이 중요하다.

미디어에서 살아남고 성공할 수 있는 5가지 방법

1. 당신이 편안한 부분을 고수하라.

2. 최근 세상 돌아가는 흐름을 숙지하라.

3. 실수에 대한 걱정을 버려라.

4. 라디오와 TV에 본질적으로 같은 방식으로 접근하라.

5. 목소리, 말투와 어감, 외모 등의 중요 요소들을 향상시키는 노력을 해라.

정보화사회, 소통은 더욱 중요해진다

미디어가 급속도로 발달하고, 커뮤니케이션 장비들이 늘어나고 있지만 오히려 소통의 중요성은 점점 더 커진다. 대화는 더욱 다양한 방식으로 늘어날 것이며 성공적인 말하기 태도는 변하지 않는다. 어떤 상황에서도 훌륭한 화자가 되기 위해서는 열린 마음, 열의, 상대의 말을 경청하는 자세 등을 갖추어야 한다.

CHAPTER 8

대화의 신이 만난
최고의 게스트,
최악의 게스트

● 초대하고 싶은 게스트의 조건

내가 강연하러 돌아다닐 때마다 가장 자주 듣는 질문은 '당신 쇼에 출연한 게스트 중 누가 가장 훌륭했고 누가 가장 형편없었나요?'라는 말이다. 이번 장에서는 그 질문에 대답해보려 한다. 이 대답에서 말을 잘하기 위해서 필요한 몇 가지 교훈을 얻기 바란다.

나는 4가지 기준으로 게스트의 잠재적 가치와 실제 행동을 평가한다. 프로듀서와 내가 다음 쇼에는 누구를 초청할지 궁리할 때, 맨 처음 고려하는 것은 물론 그때의 화제와 상대의 일정이지만, 그다음에는 4가지 기준이 핵심적인 고려 사항이 된다. 출연자가 그 4가지 기준을 모두 가지고 있다면, 그는 최고의 게스트가 될 것이다. 적어도 그중 3가지는 갖추고 있어야 초청 대상이 된다. 그 기준은 다음과 같다.

1) 자신의 일에 대한 열정.
2) 시청자에게 분명하고도 흥미 있게 설명할 수 있어서 시청자가 그 일에 관하여 좀 더 알고 싶도록 흥미를 유발시킬 수 있는 능력.
3) 무언가에 약간 화가 나 있는 듯한 사람.
4) 자신에 관한 농담도 즐길 수 있는 여유와 유머 감각.

토크쇼의 사회를 잘 보기 위해서는 단순히 대화를 잘하는 것만으로는 부족하다. 〈래리 킹 라이브〉는 나에 관한 프로그램이 아니다. 만일 빌 클린턴이 출연하여 한 시간 동안 나에 관하여 이것저것 물어본다면 나로서는 재미있겠지만 제작자들의 마음에는 들지 않을 것이다. 그러므로 자기 자신에 관하여, 특히 자신의 일에 관하여 열정을 가지고 말할 수 있는 사람이 게스트로는 적격이다. 하지만 이점은 토크쇼에 출연했을 때만 국한되는 것이 아니라, 디너파티나 칵테일파티에 초대되었을 때에도 마찬가지다.

무언가에 화가 나 있는 사람이 어떻게 대화를 잘할 수 있겠느냐고? 의아한 생각이 들기는 하겠지만, 실제로 그런 경우가 종종 있다. 집 앞에 쌓인 눈을 언제 치워줄 거냐고 시청 또는 법원에 가서 한바탕 싸우고 온 사람은 대담 프로에서 누구보다도 생동감 있게 그 일에 대해 말하게 될 것이다. 또 백화점의 판매원이 자기는 5시에 퇴근하니까 다른 사람에게 가보라고 하면서 퇴근해버렸다고 해보자. 그런 경우 화나지 않을 사람은 드물 것이다. 그리고 이와 비슷한 경우를 한두 번 겪어 보지 않은 사람은 없다. 따라서 대화는 끊기지 않고 논스톱으로 이어질 수 있게 되는 것이다.

● 대화의 신이 만난 최고의 게스트

그 4가지 요소를 모두 갖춘 사람을 들라면 나는 언제나 프랭크 시나트라를 든다. 그는 자기 일에 열정을 가지고 있을 뿐 아니라 어느 누구보다도 자기 직업에 관하여 잘 알고 있었다. 그뿐만 아니라 그는 뉴저지 주의 호보켄에서 자라던 시절부터 지금까지 수많은 일을 겪었으며, 그 일들에 관하여 할 말이 꽤나 많았다.

그는 대체로 뉴스 미디어를, 특히 기자들을 싫어하는 경향이 있었다. 하지만 토크쇼라면, 게다가 그 사회자에 대하여 편하게 생각할 수 있다면 시나트라는 마음을 열고 자신의 속을 풀어놓았다. 그런 자리에서 그는 자신의 삶, 직업, 경력, 음악계 등에 관하여 솔직하게 이야기했고, 그의 대담에는 진솔한 내용이 들어 있었다. 사람들은 흔히 시나트라가 괴팍하고 성질이 못돼 먹었다는 인상을 가지고 있다. 그래서 좀 기분 나쁜 것을 물어보았다가는 욕이나 먹기 십상이라고 생각하는 사람들도 있다. 하지만 중요한 점은 시나트라 역시 그 나름의 유머 감각을 가지고 있으며 시청자를 유쾌하게 할 수 있다면 자기 자신에 관한 농담이더라도 전혀 꺼려하지 않았다는 것이다.

그가 게스트로 출연하여 털어놓은 이야기 가운데 다음과 같은 일화가 있었다. 그가 할리우드의 체이슨즈 레스토랑에 앉아 있을 때, 돈 리클즈가 다가왔다. 돈은 그때 막 결혼한 상태였고, 그 식당에서는 처가 식구들과 함께 있었다.

"프랭크, 부탁이 있는데 말이요. 저쪽으로 가서 저 사람들과 인사 좀 나누지 않겠어요?"

"물론 그럴 수는 없지. 안 되고 말고. 그들더러 이쪽으로 오라고 해."

그러자 돈은 만일 프랭크가 그쪽 테이블로 가서 인사를 나누어주면 처가 식구들에게 위신이 좀 더 서겠다고 다시 부탁했다. 그래서 시나트라도 동의하고 그렇게 했다.

시나트라는 식당의 홀을 가로질러 돈의 처가 식구들이 앉아 있는 테이블로 가서 돈의 등을 두드리면서 "여러분들을 만나 뵙게 돼서 영광"이라고 말했다.

그 순간을 기다렸다는 듯이 돈 리클즈가 웃으면서 쏘아붙였다. "프랭크, 무게 좀 그만 잡아요. 이건 그냥 사석일 뿐이에요."

프랭크는 이 이야기를 할 때마다 아주 즐거워한다. 자신의 실수를 가지고 유머를 할 줄 알며, 그러한 자질이야말로 토크쇼 사회자들이 출연자들에게 원하는 것이다.

내가 대담해본 사람들 중에서 가장 훌륭한 게스트 몇 명을 소개하겠다. 이들은 모두 4가지 기준 중에서 적어도 3가지는 갖추고 있던 사람들이다.

해리 트루먼

그는 앞서 언급한 기준 4가지 모두를 갖춘 인물 가운데 하나였다. 그는 항상 자기 일에 열정을 가지고 있었고, 과거든 현재든 세상 돌아가는 형편을 잘 알고 있었다. 이해하기 쉬운 보통 언어로 자신을 표현할 줄 알았으며 무언가에 대하여, 특히 언론과 공화당에 대하여 약간 화가 나 있었다. 더욱이 그는 자기 자신에 관한 농담이라도 배꼽 잡고 웃을 수 있는 성격의 소유자였다.

테드 윌리엄스

그는 내가 본 야구 선수 중에서 가장 위대한 타자였을 뿐 아니라 초청된 사람 중에서 가장 훌륭한 게스트에 속했다. 그 역시 트루먼이 갖추었던 자질을 모두 갖추고 있었고, 한마디로 그는 야구계의 존 웨인이라고 할 수 있었다.

윌리엄스를 훌륭한 게스트가 될 수 있게 한 것은 여러 가지가 있었지만, 그중 하나는 그가 뉴스 미디어를 아주 싫어했다는 점이다. 미디어의 각광을 받음으로써 자신의 출세에 말로 표현할 수 없을 정도로 도움을 받았으면서도 미디어를 싫어하는 사람들을 자주 볼 수 있다. 그런데 뉴스 미디어를 싫어하는 것은 대부분의 시청자들도 마찬가지였기 때문에 그는 훌륭한 게스트가 될 수 있었다.

그렇지만 윌리엄스는 타석에서는 어떤 기자도 만나지 않았다. 그가 활약한 50년 동안 한 해에 4할대의 타율을 기록한 타자는 오직 그뿐이었다. 그리고 그와 같은 위대한 업적을 순전히 혼자 힘으로 이루어냈다. 때문에 그가 기자들(그는 기자들을 '키보드 앞에 앉은 흑기사'라고 불렀다)에 대한 불평을 늘어놓기 시작하면 그에게 동감하는 시청자들의 전화로 방송국은 북새통을 이루었다. 정치에 대해 이야기할 때에도 그의 견해는 나 자신을 포함한 많은 사람들에게 공감을 얻었다. 나는 그를 게스트로서뿐만 아니라 한 인간으로서도 사랑했다.

리처드 닉슨

내 기준 중 네 번째인 '유머 감각'에 관한 한 닉슨은 겨우 합격선에 들까 말까 할 정도였다. 그가 자신에 관한 농담을 꺼리는 것은 아니었고, 단지 그런 농담을 잘하지 못할 뿐이다. 그가 농담을 할 때에는 농담을 하려고 노력하는 모습이 너무나 뻔하게 드러났기 때문에 사람들을 웃기지 못했다. 하지만 나머지 세 기준에 관해서는 매우 탁월했다.

그는 게스트로서 아주 훌륭하고 따라서 그가 출연하게 될 때마다 나는 항상 환영했다. 분석력에 관한 한 내 쇼에 출연했던 사람들 가운데 그가 최고일 것이다. 그는 무슨 일이든 그것을 분석함으로써 듣는 사람들에게 설명해줄 수 있는 능력을 가지고 있었다. 내가 만일 방송국 하나를 소유하고 있다면, 닉슨을 고용하여 회사의 전반적 운영 실태와 장기 목표를 분석하여 어떻게 하면 그 목표를 달성할 수 있을지 답을 구했을 것이다. 1993년과 1994년에 북한 정부가 미국에 가한 위협의 이면에 무엇이 있는지 그에게 물어본다면, 시청자들은 그 모든 일에 대하여 상세하고, 분명하고, 흥미로운 대답을 들을 수 있었을 것이다.

닉슨은 다섯 번째 자질 하나를 추가로 갖추고 있었는데, 그는 여러 다양한 분야에 관심이 많았다. 연예계, 대중가요 또는 야구를 비롯한 스포츠에 많은 열의를 가지고 있었다. 그중에서도 특히 야구였다. 그와 가진 몇 차례의 인터뷰에서 그는 정치를 하지 않았다면, 스포츠 중계 아나운서가 되었을 거라고 말했을 정도였다.

그는 한때 사위인 데이비드 아이젠하워와 함께 리틀 야구팀 하나를 운영한 적이 있었다. 또한 야구 경기를 TV를 통해서만 보는 것이 아니라 종종 경기장에 직접 가서 구경하기도 했다. 야구장에 갔을 때 닉슨은 2가지 점에서 괄목할 만했고, 그것은 내가 그를 존경하는 이유이기도 하다.

첫째, 그는 잘 차려입은 부자들끼리 어울려 앉아 있는 귀빈석이 아니라 스탠드 맨 아래쪽에 자리 잡았다. 둘째, 그는 9회전 경기가 끝날 때까지 자리를 뜨지 않았다.

다양한 분야에 관한 흥미를 가지고 있는 이 다섯 번째 자질로 말미암아 닉슨은 어떤 토크쇼의 사회자라도 환영하는 존재가 되었다. 리처드 닉슨이 출연했을 때 대화 중간에 화제가 바닥날 걱정은 없었다.

아들라이 스티븐슨

스티븐슨이 마이애미의 내 쇼에 출연한 것은 케네디 대통령 시절이었는데, 당시 그는 유엔^{UN}대사로 일하고 있었다. 대담 서두에서 그는 자신을 '대사님'이라 부르지 말고 '주지사'로 불러달라고 요청했다. 왜냐하면 그는 그 전에 일리노이 주지사를 지냈기 때문이었다.

말할 때의 스티븐슨은 발음이 분명했고 파란 눈동자가 이글거렸다. 비록 대통령 선거에서 두 번 낙선했지만, 두 번 다 상대가 아이젠하워였던 만큼 누군들 별 수 없었을 것이다. 실제로 선거에서 이기지는 못했지만, 사회 보장을 비롯하여 당시 미국 젊은이들이 요구한 문제들을 공식적으로 제기한 것은 그가 처음이었다. 그다음 선거에서는 케네디가 그러한 정책을 표방하여 당선되었다.

내게 투표권이 나오고 처음으로 투표한 대통령 선거에서 나는 그를 찍었다. 그런 사람을 내 쇼에 초대하게 된 것은 나로서는 영광이었다. 그래서 나는 개인적인 존경을 표시했다. 내가 출연자에게 그렇게 한 것은 내 일생을 통하여 그때뿐이었다. 대담이 시작한 지 얼마 되지 않았을 때 나는 이렇게 말했다.

"주지사님, 제가 방송 중에 이런 말을 하는 것은 극히 드문 경우입니다만, 저는 지난 대통령 선거에서 주지사님을 찍었습니다. 지사님은 저의 영웅입니다. 저는 주지사님을 존경하고 있습니다."

스티븐슨은 어떤 경우에나 침착하게 기지를 발휘한 것으로 유명하다. 내가 그렇게 말을 하자 웃음을 머금은 그의 푸른 눈이 반짝거렸다. 그리고 이렇게 응수했다.

"우리가 한 번도 만난 일은 없지만, 선생을 처음 보자마자 사람을 알아본다는 인상을 받았지요."

스티븐슨은 심오한 지성과 훌륭한 대화 솜씨를 겸비하고 있는 특출한 게스트였다. 그는 자기 자신을 표현함에 있어서는 그 당시 어느 누구보다도 뛰어났다. 사실 그는 너무나 뛰어났기 때문에 '잘난 척 egghead'한다는 악평에 시달렸다. 보통 미국인의 평균 지성을 능가한다는 점이 그에게는 도움이 되지 못하고 오히려 손해가 되었다.

하지만 게스트로서 그런 점들은 대담을 더욱 빛나게 했다. 다만 4가지 기준 가운데 한 가지는 전혀 없었는데, 즉 그는 결코 화를 내지 않았고, 무슨 이야기를 해도 흥분하는 법이 없었다. 하지만 나머지 3가지 기준은 그가 많이 가지고 있는 자원이었다. 그 역시 자신의 실수를 들먹이는 농담을 아무 거리낌 없이 했는데, 위대한 사람들은 공통적으로 그런 특징을 갖추고 있었다. 그것은 자기 자신에게 지나친 무게를 두지 않는다는 점이다.

이 말은 어쩌면 모순되는 것처럼 들릴지도 모른다. 한 나라 또는 이 세계에서 최고의 지위에 오른 사람이라면 당연히 자기 자신을 대단하게 여길 권리가 있다고 생각하기 쉽다. 하지만 실상은 그 정반대인 경우가 많다. 정부나 기업, 연예계, 기타 분야에서 지도적 위치에 있는 많은 사람들이 스스로에게 다짐하는 바는, 한 자리에서 한 가지 일을 너무 오래 그리고 심각하게 생각하지 말라는 것이다.

그것이 자기 자신의 경우라 하더라도 마찬가지로 너무 큰 비중을 두지 말라는 것이다. 이런 점이 훌륭한 게스트의 필수 요소는 아니지만, 그들의 공통분모이기도 하다.

로버트 케네디

로버트 역시 뛰어난 유머 감각의 소유자였다. 자기 자신에 관하여 농담을 함으로써 시청자들을 웃길 줄 알았고, 그럼으로써 점수를 땄다. 그가 워싱턴 정계에서 얻은 평판은 '매정하다'는 것이었다. 하지만 나는 그를 인터뷰하면서 전혀 그런 인상을 받지 못했다. 내가 이렇게 말한다면 사람들은 놀라겠지만, 나는 그를 가장 재미있는 게스트 중의 한 사람이라고 평가한다. 그가 웃을 때의 표정은 내가 지금까지 본 사람 중에서 최고였다.

마리오 쿠오모

나는 마리오 쿠오모를 미국에서 연설을 가장 잘하는 사람 중 한 명이라고 생각한다. 그는 원고를 미리 준비하는 연설뿐만 아니라 원고가 없는 연설에서도 탁월한 능력을 가지고 있었다. 그와 대담을 하다 보면 내가 질문을 던져 놓고도 어느새 나 자신이 그가 제기한 문제에 관하여 생각에 빠지는 경우가 자주 있었다.

1984년에 샌프란시스코에서 열렸던 민주당 전당대회에서 그가 그 유명한 기조연설을 할 때 나도 청중의 한 사람으로 참가하고 있었다. 그 전당대회만큼 생동감 있는 분위기를 느껴본 적은 그전에도 없었고 그 후에도 없었다.

쿠오모가 연설할 때 나는 오클라호마 주에서 온 대의원들 옆에 서 있었다. 그래서 그들이 하는 말을 가끔씩 들을 수 있었는데, 그중한 사람이 "저 사람을 개인적으로 만나보지는 못했지만, 연설을 들다 보니 내가 왜 민주당원이 되었는지가 분명해지는군." 하고 말했다. 쿠오모의 연설에는 바로 이런 효과를 자아낼 수 있는 힘이 깃들어 있었다. 무대에 올라가 연단 앞에 서서 말할 때나 아니면 토크쇼에 출연하여 게스트로 자리했을 때나 이 점은 마찬가지였다.

마리오가 내게 자신의 과거에 대해서 해준 이야기 한 토막이 있다. 1950년대에 그는 피츠버그 파이러츠에 소속된 2군 팀에서 외야수로 뛰고 있었다. 하루는 경기 중에 타석에 나갔다가 투수의 공을 머리에 맞아, 그 후 두 경기를 쉬어야 했다. 연습도 못하고 하릴없이 앉아서 파리나 잡고 있는데, 당시 팀의 총감독을 맡고 있던 브랜치 리키가 찾아와 충고 한마디를 해주었다.

리키는 내가 어릴 적에 열광하던 브루클린 팀에서 코치로 있었던 사람인데, 사람 보는 데 천재적인 재능을 가지고 있었다. 리키는 쿠오모의 인생 진로에 관하여 이야기했다.

"이보게, 자네는 절대로 메이저리그에는 진출할 수 없을 거야. 그 수준에는 한참 못 미치거든. 그 대신 자네에게는 좋은 머리가 있지 않나. 그러니 법과대학에 진학하게."

마리오는 결국 리키의 충고를 따랐다. 이 일화는 그의 성격을 드러내고 있다.

즉, 충고를 들었을 때 그것이 자신에게 도움이 되는 충고라는 점을 알아차릴 줄 알았고, 아울러 자신의 재능과 한계에 관하여 자기 자신을 속이지 않았던 것이다. 이러한 두 속성은 성공을 이룬 사람들의 공통적인 특징이다.

빌리 그레이엄

이 사람이야 워낙 대단한 인물이기 때문에 어떤 토크쇼에서도 환영받는 게스트가 되었고, 물론 내 쇼에서도 그는 일등 게스트 중의 한 사람이었다. 그에게는 보통 사람과는 다른 점이 하나 있었다. 그것은 어떤 일에도 화를 내지 않는다는 점이다. 그는 오히려 화를 내는 사람을 보면 어떻게든 도와주기 위해서 노력했다.

그는 점잖으면서도 활기가 넘치는 사람이었다. 그의 관심 분야 또한 광범위했다. 1994년 4월에 그는 북한을 방문하고 돌아왔는데, 그 며칠 후에 〈래리 킹 라이브〉에 출연했다. 북한의 핵무기 개발 시도를 둘러싸고 미국과 북한 사이에 긴장이 고조되고 있던 때, 그는 북한의 김일성 주석이 클린턴 대통령에게 보내는 모종의 메시지를 받아 가지고 귀국했다. 김일성이 사망하기 석 달 전의 일이었다.

나는 그에게 그 메시지의 내용을 공개해줄 수 없느냐고 물었다. 그러자 그는 한마디로 잘라서 "안 된다."고 대답했다. 그거야 어쩔 수 없을 테니 나는 다른 화제를 꺼냈다. 우리는 주로 북한의 대체적 실정에 관하여 그리고 그가 자신의 종교적 메시지를 전 세계에 전파하기 위하여 구상하고 있던 새로운 계획에 관하여 대화를 나누었다. 그 대담을 통하여 그레이엄 박사는 뛰어난 대화 솜씨를 다시 한 번 보여주었다. 그의 말은 언제나 듣는 사람을 매료시키고, 그 안에는 항상 풍부한 내용과 정보가 들어 있었다.

빌리 그레이엄과 나는 게스트와 사회자로서 호흡이 잘 맞았다. 그것은 내가 무신론자가 아니라 불가지론자라는 사실과 관련이 있는 것 같다(무신론자는 신의 존재를 믿지 않고, 불가지론자는 단지 잘 모를 뿐이다).

내가 호기심이 많아서 이것저것을 물어보기 좋아한다는 점은 불가지론과 상관이 있다. 방송 또는 사석에서 나는 많은 사람들에게 신에 관하여 질문을 던진다. 이와 같이 불가지론자들은 계속해서 '왜 그런지'를 묻기 때문에 인터뷰를 진행하기에 적격이다.

특히 상대가 성직자라든가 신학자일 때에 더욱 그렇다. 반면에 무신론자는 이 역할에 적합하지 않다. 왜냐하면 그들은 신이 존재하지 않는다고 확고한 믿음을 가지고 있기 때문이다. 불가지론자의 태도는 '나는 잘 모르겠다.'는 것이다. 따라서 호기심을 가지고 '왜' 그런지를 계속해서 물어본다.

그 질문에 대하여 빌리 그레이엄은 인간의 능력으로 이해할 수 있는 한도 내에서 성심껏 답변했다. 지금까지 TV를 통하여 복음을 전파한 사람은 여럿 있었지만 그중에서 가장 신뢰할 만한 인물은 단연 빌리 그레이엄일 것이다. 바로 그 점 때문에 그는 내 쇼에 자주 초청되었다.

마이클 밀켄

미국 증권계를 뒤흔든 사기 사건과 관련하여 6가지의 혐의에 대해 유죄를 인정하고 감옥에 간 소위 '정크 본드의 황제'도 토크쇼에 나왔을 때에는 훌륭한 게스트였다. 그 사건과 관련하여 그 사람을 어떻게 보느냐에 관계없이 이 점은 사실이다. 그는 내가 지금껏 만나본 사람 중에서 가장 영리한 사람이었다. MCI, 터너 방송회사, 타코 벨 및 기타 미국의 대기업들 사이에 합병을 성사시키면서 보인 그의 수완이 이를 증명한다.

그와 대담을 할 때면 항상 그의 뛰어난 대화 솜씨를 새삼 느끼게 됐다. 질문에 대한 그의 대답이 솔직하면서도 정곡을 찌르기 때문이다.

대니 케이

대니 케이는 한마디로 대니 케이다. 우리 둘이 만나게 되면 시간 가는 줄 모르고 얘기했는데, 브루클린의 동향 출신이라서 그런 것만은 아니었다. 그를 알게 되면 누구라도 그를 좋아하지 않을 수 없을 것이다. 대니 케이는 무대나 영화 속에서 연기할 때나 그렇지 않을 때나 항상 변함이 없었다. 위대한 연기자일수록 항상 자신의 진실된 모습대로 살아가는 경우가 많은데, 대니 케이는 확실히 그런 사람 중의 하나였다.

그가 내 라디오 프로그램에 출연했을 때의 이야기인데, 톨레도에 사는 어떤 여성이 전화를 해서 그에게 말했다.

"케이 씨하고 직접 말하게 되리라고는 평생 한 번도 생각해본 적이 없어요. 그래서 물어볼 말도 없네요. 그 대신 무언가 말해주고 싶은 것이 하나 있어요. 제 아들이 케이 씨를 몹시 좋아했어요. 그 애는 케이 씨처럼 되고 싶었나 봐요. 항상 케이 씨 흉내를 냈지요. 그 애한테는 이 세상이 온통 케이 씨를 중심으로 이루어진다고 생각되었나 봅니다."

중요한 말은 그다음에 나왔다.

"그런데 그 애는 열아홉 살에 한국에서 전사했어요. 해군 병사로 참전했다가요. 해군에서는 죽기 전에 가지고 있던 유품 하나를 집으로 보냈는데, 그것이 바로 케이 씨의 사진이었어요. 그 애가 내무반에 남겨 놓은 것 중에서 사진은 그것뿐이었대요. 그래서 나는 그 사진을 액자에 넣어 보관하고 있답니다. 그 애의 사진이랑 같이요. 지난 30년 동안 그 두 장의 사진을 날마다 닦아왔어요. 케이 씨한테 이 이야기를 꼭 알려주고 싶었어요."

그동안 스튜디오에서는 대니 케이가 울고 있었다. 나도 그랬고 말하는 그녀도 그랬다. 그가 눈물을 삼키고 물었다.

"아드님이 좋아하던 노래가 있었나요?"

"예. 디나Dena를 가장 좋아했어요."

대니 케이는 그의 히트곡 중의 하나인 그 노래를 한국전쟁에서 금성무공훈장을 받은 병사의 어머니에게 들려주었다. 악단도 없이, 피아노 반주도 없이 그냥 혼자 목소리만으로 울먹이면서 불렀다.

그것은 참으로 감동적인 순간이었다. 지금까지 방송을 해왔지만 그토록 깊은 인간적인 감동을 받은 적은 없었다. 그리고 그럴 수 있었던 까닭은 대니 케이의 열린 마음 때문이었다. 물론 이때 그가 자신에 관하여 무엇을 토로한 것은 아니었다. 대신에 그는 상대방의 느낌에 공감하고 그러한 자신의 감정을 그대로 보여주었다. 막상 이런 일이 일어났을 때, 자신의 감정을 다른 사람과 있는 그대로 공유할 수 있는 사람은 많지 않다.

로젠 아놀드

나는 로젠을 인간적으로 좋아했다. 그만큼 나는 그녀의 딱한 처지가 안 됐다고 느꼈다. 그녀에게는 개인적으로 불행한 일들이 많았지만, 그녀는 다양한 일에 관심을 가지고 많은 분야에서 경험을 쌓은 사람이었다. 그녀는 일류 코미디언일 뿐만 아니라 훌륭한 사업가이기도 했다. 전국 방송망을 타는 TV 쇼 프로그램 두 개의 제작자이며 그 밖에 여러 사업체를 거느리고 있었다.

로젠을 인터뷰하는 일은 언제나 즐거운 일이었다. 그녀가 자기 일에 보여주는 열정은 널리 알려진 사실이다. 그녀의 유머 감각 또한 자기 자신에 관계되는 농담이라고 해서 꺼리지 않았다. 그리고 그녀를 열 받게 하는 일 또한 아주 많다는 것은 자명한 일이었다.

그녀가 〈래리 킹 라이브〉에 출연했을 때의 일이다. 그녀는 TV 출연 경험이 그토록 많은 사람이 저질렀다고는 믿기 힘든 아주 초보적인 실수를 저질렀다. 화장을 너무 짙게 한 나머지 눈을 똑바로 뜨지 못할 지경이 된 것이다. 그래서 나를 똑바로 보지도 못하고 카메라를 정면으로 바라보지도 못했다. 상대방과 시선을 맞추는 것은 내가 항상 강조한 점이다. 얼굴을 마주보고 하는 대화에서도 그렇지만 TV 시청자를 향해 말할 때에도 마찬가지다.

화장을 진하게 한 정도는 시청자들이 대충 넘어가든지, 아니면 기껏해야 한 번쯤 웃으면 그만이었다. 그러나 눈동자를 맞추지 못한다면, 특히 로젠과 같이 대중들 사이에 논란을 불러일으킨 사람이라면, 시청자들에게 좋지 않은 인상을 남기게 된다. 무언가 숨기고 싶은 게 있기 때문에 시청자와 카메라를 정면으로 바라보지 못한다고 생각하기 쉬웠다.

● 대화의 신이 만난 최악의 게스트

흥미로운 이야기를 해줄 거라는 기대 속에서 초청된 사람이 막상 나와서는 형편없거나 별 볼 일 없는 이야기로 일관하는 경우도 종종 있었다. 이런 경우에도 몇 가지 배울 점은 있는데, 그 교훈이 꼭 토크쇼 사회자에게만 도움이 되는 것은 아닐 것이다. 정치적이 되었든, 감정을 울리는 것이든, 철학적인 것이든, 똑같은 이야기를 반복하는 사람은 게스트로서 낙제다.

아니타 브라이언트도 훌륭한 게스트가 될 수 있었다. 실제로 내 생각에 그녀는 대중 앞에 처음 서기 시작할 때만 해도 말을 곧잘 했다. 하지만 내 쇼에 출연했을 당시에는 종교적 열정에 너무 사로잡혀 있었다. 물론 그녀 개인으로 보아서는 그보다 중요한 일이 없었을 것이다.

그러나 종교적으로 '새로 태어난' 사람들은 훌륭한 게스트가 되지 못한다. 그들은 그저 종교나 신에 관해서만 말하려 들기 때문이다. 따라서 그런 사람들과 대화할 때 가장 어려운 점은 그 한 가지 주제 말고 다른 화제로 옮겨 가기가 지극히 힘들고, 또한 그 주제에 관해서 대화를 나누더라도 그들이 하는 말은 도무지 다른 사람들로서는 이해하기 어렵다는 것이다.

밥 호프도 비슷한 이유로 내게 실망을 안겨준 적이 있다. 호프의 경우에는 한 가지 주제에 매달렸기 때문이 아니라 줄곧 한 가지 방식으로만 말을 했기 때문이다. 무슨 질문을 하든지 그는 마냥 농담으로만 받아 넘겼던 것이다.

앞에서도 설명한 바와 같이 비공식적 사교 모임에서는 그런 식으로 행동하지 않는다. 다만 카메라 앞에 서기만 하면 그에게는 연기하려는 충동이 어쩔 수 없이 일어나는 것 같았다. 내가 무엇을 물어보든지 그는 짤막한 문장 하나로 응수했다. 그렇다고 해서 추상적인 성찰을 통한 경구를 말한 것도 아니었다. 무언가 시청자들이 흥미를 느낄 만한 화제를 꺼내어 물어보는데도, 그의 대꾸는 마냥 농담조였다. 코미디언에게는 그것이 자연스러운 일일 것이다. 하지만 인터뷰는 농담 이상의 무엇인가가 있어야 한다.

윌리엄 러셔는 4가지 기준 가운데 3가지를 갖추고 있기 때문에 훌륭한 게스트라고 할 수도 있지만, 상대방인 나를 굉장히 곤란한 상황으로 몰아넣었다는 점에서 형편없는 게스트였다. 그 대담을 지켜본 시청자들 역시, 극우파에 속하는 사람들을 제외하고는, 나와 같은 기분이었을 것이다. 그는 전에 〈내셔널 리뷰The National Review〉를 발행한 바 있는 정치 평론가였다. 그의 평론은 독설과 독선으로 가득 차 있었다.

러셔가 나를 '그랭글grangle' 했다고 하면 브루클린 사람들은 금방 무슨 말인지 이해할 것이다. '그랭글'은 사전에 나오는 단어가 아니라, 브루클린에서만 쓰이는 방언이다. 칠판을 손톱으로 긁을 때 나는 소리를 들을 때와 같은 기분이라는 말이다.

러셔가 형편없는 게스트라는 말은 그의 정치적 입장이 극우로 치우쳤기 때문만은 아니다. 우파의 목소리를 목청 높여 대변하는 사람 가운데에도 훌륭한 게스트는 많다. 뉴트 깅리치, 패트 뷰캐넌, 댄 퀘일 등이 그런 사람이다. 그들의 견해는 러셔의 견해와 거의 비슷했다. 하지만 러셔와는 달리 그들은 웃기도 하고, 농담도 하고, 옆에 합석한 다른 게스트와 전화한 시청자들이 피력하는 견해도 경청할 줄 알았다.

러셔에게는 그 점이 결여되어 있었고, 예의라고는 도저히 찾아볼 수가 없었다. 〈워싱턴 포스트〉지의 기자인 필 맥콤이 전하는 바에 의하면, 리처드 닉슨이 별세했을 때 러셔는 이렇게 말했다고 한다.

"내가 닉슨에 대해서 했던 말 중에 가장 심했던 것이 기억난다. 그것은 살리도 마이드 기형아에게 두 팔이 없는 것이 그 아이 잘못이 아닌 것처럼, 닉슨에게 원칙이 없는 것 역시 그의 잘못은 아니라는 말이다."

이것을 프랭크 맨키에비치의 경우와 대조해보라. 맨키에비치는 로버트 케네디의 언론 담당 비서로 일했던 사람인데, 러셔가 오른쪽으로 치우친 만큼이나 왼쪽으로 치우친 사람이었다. 그는 닉슨에 대해 이렇게 말했다.

"내가 보기에 닉슨은 미국에서 정치로 입신한 사람들 중에서 스스로에 대한 긍지가 가장 낮았던 것 같다. 말하자면 그는 미국 정계의 윌리 로만이다."

윌리 로만은 '세일즈맨의 죽음'에 나오는 인물로서, 사람들이 자기를 좋아하기는 하지만 '아주 좋아하지는 않는다.'고 불평하는 사람이다.

멘키에비치는 평가에는 균형이 잡혀 있었다. 미국인 가운데 그의 평에 동의하는 사람은 수백만 명에 이를 것이다. 1960년대에 케네디가의 두 형제 존과 로버트를 보좌했다는 경력은 곧 닉슨의 추종자나 심지어는 닉슨 본인과 여러 면에서 목숨을 걸고 싸웠음을 의미한다. 당시 두 진영 사이의 싸움은 불꽃 튀는 것이었다.

하지만 맨키에비치는 닉슨의 심보를 증오한다든가 그를 악당이라고 말하지 않았다. 한 인간 또는 대통령으로서의 닉슨에 대하여 차분하고도 사려 깊은 평가를 행한 것이다. 그리고 그의 평가는 그 시대를 함께 살아온 많은 미국인들이 수긍할 만한 것이다. 이에 비하면 러셔의 평은 닉슨의 면모보다는 그 말을 한 자신이 어떤 종류의 인간인지를 보여주고 있을 따름이었다.

하지만 이러한 러셔조차도 내가 겪어본 최악의 게스트는 아니었다. 그 자리는 바로 로버트 미첨이 굳게 지키고 있기 때문이다. 그는 딱 한 번 내 TV 쇼에 출연한 적이 있었는데 나는 지금까지도 그가 그날 밤 왜 그렇게 행동했는지 영문을 모르겠다. 가끔 영화에서 검은 모자를 쓴 악당 역을 맡은 적도 있긴 있지만, 대개 미첨은 말이 없으면서도 강인한 존 웨인 스타일의 역을 맡아왔다. 두 사람의 차이는 웨인이 악역으로 나오는 영화는 한 편도 없다는 점뿐이다. 그리고 웨인은 언제나 흰 모자를 쓴다. 하지만 두 사람 사이에는 많은 공통점이 있었다. 말 대신에 행동으로 무언가를 보여주는 남자다운 영웅 역을 연기했다.

그렇지만 그건 단지 영화의 배역일 뿐이었고 실제로는 그렇지 않았다. 혹시 정말 그랬을까?

웨인을 인터뷰 해보지는 못했지만 미첨에게는 말을 해보았다. 하지만 그는 가만히 있고 나 혼자만 말을 했다. 나를 약 올리려 그랬는지, 즐겁게 이야기할 기분이 아니었는지, 그날 밤 거기 나오고 싶지 않았는지, 저녁 먹은 게 체해서 그랬는지, 아니면 다른 딴 이유가 있었는지 지금까지도 그 이유를 모르겠다.

이유야 어쨌든 그 사람이 말해준 것은 아무것도 없었다. 대화는 마냥 다음과 같은 식이었다.

"존 휴스턴 감독과 같이 영화 찍을 때는 어땠나요?"

"괜찮았소."

"하지만 존 휴스턴 감독 밑에서 연기할 때와, 존 스미스 감독 밑에서 할 때 무슨 차이점은 없었나요?"

"아니, 다를 거 없어요."

이때까지만 해도 그의 대답은 복수의 단어로 이루어진 문장이었다. 그런데 그다음부터는 아예 한 단어밖에 나오지 않았다. 뭐든지

'예', '아니', '응'뿐이었다.

그래서 나는 그때 가장 유명한 배우 중에 한 사람이었던 로버트 드니로에 관해서 물어보았다. 그의 대답은 한마디였다.

"만나본 적 없소."

나는 쇼크를 받았고 정말 실망했다. 시청자들이 실망한 것을 생각하니 내 실망은 더욱 커졌다. 미첨은 지금까지도 변함없이 대중의 영웅으로서 거의 숭배의 대상이라고까지 할 수 있는 인물이기 때문이다.

그 점은 나 역시 마찬가지였다. 브루클린에서 허브 코헨이나 데이비 프라이드 등 친구들과 같이 토요일 오후에 벤슨 극장에 가서 영화 보던 시절에, 미첨은 우리 편의 영웅이었다.

그런 사람으로 하여금 구덩이를 파고 그 안에 혼자서 틀어박혀 바깥세상과는 상관하지 않겠다는 것처럼 행동하게 만드는 일이란 참으로 힘든 일이었다. 시청자는 말할 것도 없고 나 자신에게 힘든 일이었다.

로버트 미첨의 경우는 한 가지 교훈을 말해주었다. 당신이 역사상 가장 뛰어난 대담자가 되는 것은 가능하다. 그렇게 되기 위해서 거짓말을 하거나, 고문을 가하거나, 뇌물을 쓸 수도 있다. 하지만 말을 하지 않겠다고 결심한 사람의 입을 여는 일은 불가능하다. 그런 경우에는 더 이상 고집부리지 말고 다른 사람을 찾아보는 것이 현명하다. 만일 당신이 토크쇼 진행을 맡고 있다면, 프로듀서에게 그 사람은 다시 초대하지 말라고 말해주는 것이 좋다.

● 말이 있으면 실수가 있다

인류가 의사소통을 시작한 때부터 사람들은 실언을 해왔다. 오늘날과 같은 매스컴의 시대에는 실언이 좀 더 극적으로 그리고 크게 일어난다.

라디오 방송이 처음 전파를 타기 시작한 이래 방송인들의 실수는 방송의 역사를 풍부하게 해준 일면도 있다. 초창기의 유명한 실수로는 해리 본 젤이 있다. 대서양 연안에서 태평양 연안에 이르는 전국의 청취자들이 귀를 기울인 가운데 그는 허버트 후버$^{Herbert\ Hoover}$ 대통령을 이렇게 소개하였다.

"전국의 청취자 여러분 안녕하십니까? 미국의 대통령 후버트 히버$^{Hoobert\ Heever}$ 씨를 소개합니다."

물론 실언은 방송계에서만 일어나는 일이 아니다. 일상생활에서도 누구나 하는 것이니만큼 실언을 했다고 해서 기죽을 필요는 없다. 당신 말을 듣고 있는 사람들이 친절한 사람이라는 생각을 가지고, 얼른 실수를 떨쳐버리고 하던 말을 계속하도록 하라.

해리 본 젤 역시 얼른 떨쳐버렸다. 후버의 이름을 잘못 부른 실수는 그 뒤 방송계에서 전설적인 실수가 되었지만, 그 후 라디오 방송에서 성공하였고 나중에 텔레비전이 등장하자 그쪽에서도 성공하였다. 그는 사회자로서 명성을 떨쳤을 뿐만 아니라 배우로도 성공하였다.

내가 말 잘하는 비결에 관하여 책을 썼지만, 그렇다고 해서 내가 실수하지 않는다는 보장 또한 없다. 지나간 나날을 돌이켜 보노라면, 자랑스러운 일도 있는 반면에 잊고 싶은 일들도 있다. 하지만 그런 일들은 잊고 싶어도 잊을 수가 없다.

● 잊지 못할 최악의 실수담

지금 와서 생각해보아도 가장 황당한 실수는 마이애미 시절에 있었던 일이다. 플레이저 빵집의 광고였다. 광고 카피는 'Plager Brothers—For the Best in Bread(빵 중에 최고는 플레이저 빵집)'이라는 것이었다.

새로 내놓은 광고를 더 튀게 하려는 생각에서 광고주와 대행사에서는 그 광고를 생방송으로 하기로 결정했고, 그것을 내가 맡게 되었다. 저녁 뉴스 중간에 나가는 광고로서 TV 방송국 세트를 돌아가며 해야 했다. 첫 번째 방송국에서 광고 문안을 죽 읽고 나서 마무리로 그 광고 카피를 말했다. 'Plager Brothers—For the Brest in Bed.'

이 정도 실수면 충분하지 않겠는가? 그런데도 나는 두 번째 방송국에 가서도 똑같은 실수를 하고 말았다. 세 번째는? 거기서도 마찬가지였다.

이렇게 된 까닭은 첫 번째 실수를 저지르고 난 다음, 또 '그렇게' 할까봐 너무 걱정이 컸기 때문이다. 그 실수를 했을 때 얼른 그것을 떨쳐버리지 않으면 안 되는 까닭이 바로 여기에 있다. 그 실수를 돌이켜 생각하고 다시 그 말이 튀어 나올까봐 걱정하지 말고, 그 실수가 없었던 듯 계속 나아가야 한다. 다시 그럴까 걱정하면 틀림없이 또 그렇게 된다. 실수가 주는 암시에 걸리기 때문이다.

조지 번즈는 친한 사람들에게 이와 비슷한 종류의 암시를 잘 거는 버릇이 있다. 그의 보조역을 특히 가장 잘해낸 코미디언으로는 잭 베니가 있는데, 두 사람은 뉴욕 시의 동부 지역에서 자랄 때부터 친한 친구 사이였다. 베니는 번즈가 아무 말 없이 그냥 방에 들어오기만 해도 웃음을 터뜨리곤 했다. 물론 번즈도 이 점을 잘 알고 있었고 그것을 즐겁게 생각했다. 하지만 이것이 베니에게는 깊은 암시가 되어 있었기 때문에 조지가 웃지 말라고 할수록 그는 웃음을 참을 수 없게 되는 것이었다.

1930년대와 1940년대에 넬슨 에디와 듀엣을 이루어 인기를 끌었던 맥도날드라는 가수가 있었다. 그녀는 일요일마다 사람들을 초대하여 함께 저녁 식사를 했는데, 한번은 번즈와 베니도 손님 중에 포함되었다.

그러고는 두 사람 사이에 다음과 같은 이야기가 오갔는데, 이것은 전적으로 조지가 시작하여 그렇게 되었다. 조지는 자기 보조역을 맡기기에 적당할 성싶은 사람을 보면 우선 암시부터 주기 시작했다. 그리고 베니는 언제나 번즈의 조역을 맡기에 안성맞춤이었다.

"어이, 잭. 자네 이번 일요일 저녁 때 저넷 맥도날드 집에 갈 건가?"

"그럼 가야지. 내가 초대 거절하는 거 보았나?"

"그럼 저녁 먹은 다음에는 저넷이 노래 몇 곡 부르는 것도 알겠구먼."

"당연하지. 거기에 여러 번 갔었으니까."

그런 다음에 번즈가 주의를 주었다.

"그때 웃으면 안 돼."

"웃을 이유나 있어?"

"어쨌든 웃지 말라고."

일요일이 되었다. 번즈가 베니에게 전화로 자기 차로 함께 가자면서 데리러 가겠다고 했다. 그러고는 덧붙였다.

"명심하라구. 웃으면 안 돼."

저녁 식사를 마치고 맥도날드가 노래 부르려고 일어나자마자 베니는 웃음을 참지 못했다. 그 옆에서 번즈는 장난기 어린 웃음을 띠고 앉아 있었다. 라스베가스의 무대에서 두 사람이 코미디를 할 때에 번즈가 그냥 신문을 보는 양 앉아만 있어도 베니로서는 웃음을 터뜨릴 수밖에 없는 것이 바로 이런 종류의 암시 때문이다.

이 일화들을 소개하는 까닭은, 마음속에 걱정이 자리 잡을 여지를 마련해줌으로써 어떤 일이 일어날 수 있는지를 보이기 위함이다. 어떤 일이 일어날지도 모르겠다고 생각하는 순간에 이미 당신 자신이 그 일이 일어나도록 부추기는 면이 있는 것이다. 그러한 가능성 자체를 마음속에서 몰아내야 한다. 물론 그러기 위해서는 집중력, 노력, 그리고 결단력이 필요하다. 하지만 불가능한 일은 아니다.

혀가 잘 안 돌아가서 엉뚱한 말이 튀어나오는 것이 실언의 전부는 아니다. 그리고 모든 실언을 다 극복할 수 있는 것도 아니다. 그러한 예 하나를 소개하기로 한다. 마이애미 돌핀스 팀의 미식축구 경기를 중계하면서 일어난 일이다.

1960년대 후반 마이애미 팀이 버팔로 빌즈 팀과 경기를 하는 날이었다. 버팔로에서 열리는 원정 경기였다.

나는 그때 마이애미 구단이 운영하는 라디오 방송국의 중계 팀에 소속되었다. 경기의 실황 중계를 맡은 아나운서는 조 크로건이었고 나는 해설을 맡게 되었다. 그런데 경기를 시작하기 직전에 돌풍과 함께 진눈깨비가 내리기 시작했다. 그 돌풍이 어찌나 강했던지 우리가 준비해두었던 서류를 모두 날려버렸다. 광고, 각종 통계, 선수 명단과 포지션 기타 등등 모든 자료가 날아가버렸다. 그것들이 아예 경기장 밖으로 사라진 것이다.

곧 경기가 시작되었다. 돌핀스 팀의 선공으로 시작되는 것을 진눈깨비 사이로 겨우 알아볼 수 있었다. 하지만 빌즈 팀의 선수들은 누가 누군지 전혀 알아볼 수가 없었다. 계속 내리는 눈으로 말미암아 등번호가 보이지 않았고, 경기장 안의 야드 표시선 역시 금방 눈으로 덮여버렸다. 눈앞이 가려 아무것도 보이지 않으니 저 아래 경기장에서 무슨 일이 벌어지고 있는지 알아낼 길이 없었다.

어떻게 해야 한다? 따듯하고 아늑한 마이애미를 출발할 때만 해도 우리는 경기 상황을 정확하고 빠짐없이 마이애미 청취자에게 전하겠다는 의욕에 가득 차 있었다. 먼저 우리는 이리 호 연안을 비롯하여 나이아가라 폭포 주변의 기상조건이 최악임을 청취자에게 설명했다. 그리고는 중계방송을 시작했다. 그 중계방송은 역사에 길이 남을 정도는 아니겠지만 어쨌든 유례를 찾을 수 없을 만큼 독특했다.

"누가 공을 가지고 달려갑니다. 누군가가 패스 되는 공을 차단하여 떨어뜨렸습니다. 누군지는 모르지만 패스를 받았습니다……. 그러자 누가 그를 태클합니다. 쓰러졌습니다. 아닙니다. 쓰러지지 않

있습니다……. 하지만 누군지는 아직 모르겠습니다."

이런 와중에서도 우리에게는 아직 선수 명단과 포지션 차트가 없었다. 양 팀의 공격과 수비 진영의 선수, 등번호, 이름, 포지션 등을 표시하는 도표가 날아가버렸기 때문이다. 날씨가 좋은 경우에도 그것이 없이는 중계방송이 지극히 곤란하다. 하물며 그런 악천후에서는 더 말할 나위가 없었다. 그런데 그것이 그야말로 바람과 함께 사라져버린 것이다.

스태프들에게 알려 그 자료를 새로 한 벌 구하면 되지 않겠느냐는 반문이 당연히 나올 것이다. 그러나 우리는 구장 꼭대기에 있었고 그들은 맨 아래층에 있었는데, 승강기마저 꽁꽁 얼어붙어 움직이지 않았다.

1쿼터가 끝날 때까지 조와 나는 그런 식으로 중계할 수밖에 없었다. 날씨는 여전히 마찬가지였지만, 2쿼터가 시작할 즈음에 승강기가 움직였다. 그 덕에 선수 명단과 포지션을 다시 받을 수 있었다. 시야는 여전히 진눈깨비로 가려 있었지만, 대충 어림짐작은 할 수 있었다.

악천후가 우리 잘못은 아니다. 우리로서는 전혀 어찌해볼 도리가 없는 상황이었다. 하지만 그 때문에 당황하여 우리 자신의 실수까지 더했다면 사태를 더욱 악화시켰을 것이다. 우리는 청취자의 입장에 서서 그들에게 그날 모든 말썽의 근원이 어디에 있는지를 이

해시켰다. 중계에 귀를 기울인 사람은 누구나 악천후가 문제의 근원이었고, 그것은 겨울 할아버지의 잘못이지 우리의 잘못이 아니라는 점을 모두 알 수 있었을 것이다.

돌핀스 팀과 관계된 일화가 또 하나 있다. 돈 슐라가 감독으로 부임한 직후에 있은 경기에서, 주전 풀백으로 뛰던 래리 송카가 부상을 입었다. 게임이 끝났을 때 나는 여느 날과 마찬가지로 인터뷰를 위해서 라커 룸으로 갔다. 거기서 의무실에 누워 있는 송가를 보았는데 그가 손짓으로 나를 불렀다.

슐라는 의무실에서는 인터뷰를 하지 못하게 엄격히 규제하고 있었는데, 나는 그때 그 사실을 알지 못했다. 그래서 송카와 나는 몇 마디를 주고받았고 그 대화는 그대로 방송으로 나가고 있었다. 그때 라커룸에 있던 슐라가 문틈으로 우리를 발견했고, 내가 손에 쥐고 있는 마이크 역시 그의 시야에 잡혔다. 슐라는 목이 찢어져라 고함을 질렀다.

"너희 둘 거기서 뭐하는 거야?"

송카는 생방송 중임을 알고 있었기 때문에 능청을 떨었다.

"저 사람이 지금 누구한테 소리 지르는 거요?"

슐라는 나를 밖으로 내쫓았다. 하지만 내게는 아나운서에게 항상 준비된 비상수단이 있었다.

"이상 인터뷰를 마칩니다. 스튜디오 나오세요."

그날 경기가 끝난 후 파티를 하는 자리에서 돈 슐라가 내게 다가와 물었다.

"아까 그거 방송 중이었나?"

내가 그렇다고 하자 슐라의 얼굴이 난처함으로 덮였다. 돌핀스 팬들이 그 말을 다 들었을 것이기 때문이다. 그래서 나는 다음과 같은 말로 위로해주었다.

"걱정 마, 돈. 당신 이름은 말하지 않았으니까."

하지만 이름을 말할 필요가 없었다는 점은 우리 둘 다 아는 사실이었다. 마이애미에서 슐라의 목소리를 모르는 사람은 거의 없었다.

아예 말도 안 되는 실수를 저지른 적도 있다. 역시 돌핀스 팀 경기의 TV 중계방송에서 해설을 맡았을 때였다. 하프 타임이 되어 광고가 들어갈 시점에서 나는 이렇게 말하고 말았다.

"여러분은 지금 볼티모어 콜츠의 관악 합주단의 시범을 보고 있습니다."

● 어떤 상황에서도 말은 계속하라

한번은 라디오 쇼를 진행하면서 게스트에게 자녀는 있느냐고 물은 적이 있다. 통제실에서 이 말을 들은 스태프들은 기겁을 했다. 그 게스트가 가톨릭 신부였기 때문이다. 나는 그것도 모르고 그 신부가 천주교 신부들은 결혼하지 않고 독신으로 지낸다고 말해줄 때까지 계속 비슷한 말 실수를 하고 있었다.

왜 그런 어리석은 질문을 하게 되었을까? 아직도 잘 모르겠다. 대부분의 경우에는 그 질문이 자연스럽기 때문에 그냥 습관적으로 나왔을 수도 있다. 그것이 대담 초반에 청취자들에게 출연자의 배경을 간단히 알려줄 수 있는 방법 중의 하나이기 때문이다. 까닭이야 어찌 되었든지 그 질문은 어리석기 짝이 없어서 웃음이 나올 정도였다. 하지만 할 일은 해야 한다. 나는 곧장 다음 질문으로 넘어감으로써 위기를 넘겼다.

한번은 이런 일도 있었다. 마이애미에서 독립 기념일 페스티벌을 하는데 내가 그 사회를 맡게 되었다. 온갖 깃발이 펄럭이고 각종 음악이 준비되고 클로드 페퍼 의원의 연설 순서도 준비된 성대한 행사였다.

행사가 워낙 거창해서 주최 측에서는 무대를 두 개나 마련했는데, 그 사이가 약간 떨어져 있었다. 사회자가 소개되자, 나는 무대 위로 뛰어나가다 그만 무대 사이의 틈에 발이 빠지고 말았다. 그러고는 무대 밑으로 떨어졌다.

나는 그런 외중에서도 핸드 마이크는 놓치지 않고 그 상황에서 내가 할 수 있는 최대한으로 행동했다. 즉, 마이크를 이용하여 실황 중계하듯 내가 어떤 상태인지를 알려주기로 마음먹은 것이다. 갑자기 내가 무대에서 사라져버렸기 때문에 군중들은 어떻게 된 것인지 영문을 모르고 있었다. 그러나 나의 그러한 대응은 적절했다. 사람들의 시야에서 내가 사라지자마자 곧 스피커에서 내 목소리가 흘러나왔다.

"여러분 걱정하지는 마세요. 단지 무대에서 떨어졌을 뿐입니다. 다친 데는 없어요."

잠시 영문을 몰라 어리둥절하던 군중들은 이내 폭소를 터뜨렸다. 그 사건으로 말미암아 그들을 오히려 즐겁게 해줄 수 있었다. 그런 일이 내게 다시는 일어나지 않기를 바라는 점을 제외하고는 모든 것이 잘 끝났다.

실수보다 더 심한 재앙을 미연에 방지한 적도 있다. 마이애미에서 친하게 지내던 짐 비숍이란 친구가 내 쇼에 출연하게 되었다.

그는 신문의 칼럼도 쓰고 책도 쓰는 친구인데, 그의 문체가 평이하고 보통 사람도 이해할 수 있는 언어를 사용했기 때문에 그 무렵에 많은 존경과 인기를 한 몸에 받고 있었다. 그는 한때 알코올 중독으로 고생한 전력이 있었지만, 그때에는 술을 끊은 지 25년이 지난 시점이었다.

그런데 세상에, 이 친구가 그날 밤 완전히 취해가지고 방송국에 나타난 것이다. 그가 술을 다시 입에 대는 것을 본 것은 그날뿐이었다. 방송에 출연하게 되어서 초조한 나머지 술을 통하여 긴장을 풀고 기운을 좀 얻어보려고 그랬는지도 몰랐다.

짐이 그 상태인 것을 목격하고 나니 이번에는 내가 초조해졌다. 보통 사람이 쓰는 평이한 언어를 구사하는 그가 술까지 취했으니 방송사고가 날 것은 뻔했다. 그것은 실수로 보아 넘기기에는 너무나 심각한 문제였다. 연방 방송위원회에서 방송국의 면허를 취소할 가능성도 있고, 어쩌면 나는 보따리를 싸고 브루클린으로 돌아가야 할지도 모른다. 방송국에서 차표야 사주겠지만 왕복표는 아닐 테니까.

친구라고 봐줄 수 있는 상황이 못 되었다. 무언가 긴박하게 그리고 신속하게 행동하여야 했다. 그렇지 않으면 우리 모두가 다치는 상황이었다. 통제실의 유리창 너머에 대기하고 있는 기사에게 손짓을 보내고 '방송 중'이라는 표시등을 켜도록 했다. '방송 중' 불이 들어오는 것을 짐도 보았다. 그가 그것을 물끄러미 바라보는 참에 나는 오른손을 내밀어 악수를 청하면서 말했다.

"짐, 고맙습니다. 아주 좋은 시간이 되었어요. 좋은 말씀 많이 들었습니다. 안녕히 가세요."

무언가 이상하게 돌아간다는 듯한 표정을 지었지만, 짐 역시 내게 고맙다고 인사하고 돌아갔다. 그러고 나서 우리는 청취자로부터 전화를 받아 그 시간을 때웠다.

하지만 내가 가장 큰 대가를 치른 실수는 내가 한 말이 아니라 나의 코 고는 소리 때문이었다. 방송 중에 왜 코를 골았냐고? 그야 잠에 곯아떨어졌기 때문이다.

1959년 새해 첫날 아침 마이애미에서 일어난 일이었다. 그 전날 밤에 나는 개 경주장에서 장내 아나운서로 일했다. 그 일이 끝나고는 송년파티에 갔다. 술을 마시지 않기 때문에 송년회에 참석해봐야 별로 할 일도 없지만 참석은 했다. 송년회가 끝난 뒤 아침 6시부터 9시까지 WKAT 방송에서 내가 맡은 토크쇼가 있어서 그것을 진행했다. 9시부터 10시까지는 시카고의 '돈 맥닐의 아침 대담'이 중계됐다. 다만 9시 30분에 잠깐 삽입되는 것이 있는데 그것만 하면 내 일은 끝나는 것이었다.

10시에는 그다음 프로그램의 진행자가 나올 것이고 나는 그때 퇴근하면 됐다. 이제 나에게 남은 일은 9시 30분에 한마디 하는 일뿐이었다.

내 쇼를 진행하는 동안에도 나는 줄곧 '잠들면 안 돼, 잠들면 안 돼.'를 속으로 다짐했다. 그때 방송국에는 나 말고 아무도 남아 있지 않았다. 어쨌든 내 쇼는 끝마칠 수 있었다. 그러고는 '아침 대담' 프로그램의 중계 스위치를 켰다. 이때까지 나는 만 24시간 동안 한 잠도 자지 못했다.

9시 29분이 되자 돈 맥닐이 "여기는 ABC 라디오 방송국입니다."

라고 말했다. 이 큐를 신호로 해서 각 지방의 ABC 가맹 방송국에서는 자신의 방송국 이름을 말하면 된다. 내가 할 일은 ABC의 스위치를 내리고, 마이크를 잡고 거기에다가 '여기는 마이애미 비치의 WKAT 방송입니다.'라는 멘트를 하는 것이었다. 방송국 건물은 표면이 모두 유리로 되어 있었기 때문에 길거리를 지나가는 사람들에게 스튜디오 안이 훤히 보였고, 아나운서가 기사들이 일하는 모습도 밖에서 볼 수 있었다.

맥닐의 신호에 따라 나는 ABC 스위치를 내리고, 내 마이크의 스위치를 올렸다. 그리고 그만 잠에 빠지고 말았다.

새해 아침, WKAT를 틀어 놓은 사람이 들을 수 있었던 것은 오직 이상한 소리뿐이었다. 아무도 상상할 수 없겠지만 사실은 바로 내가 코 고는 소리였다. 내가 스위치를 다시 올리지 않았기 때문에 '돈 맥닐의 아침 대담' 역시 방송될 리 없었다. 이상한 소리만이 마냥 계속되었다. 음악도 없고 광고도 없고 아나운서의 말도 없이 그냥 그 소리만 계속 나갔다.

청취자들이 방송국에 전화를 했지만 전화 받는 사람도 없었다. 행인들이 지나가다가 WKAT 방송국을 들여다보니 누군가가 마이크 앞에 쓰러져 있는 것이 아닌가. 그리고 그다음에는 대소동이 일어났다. 사이렌이 울리고 소방차가 오고 구조대가 달려오고, 그야말로 난리가 났다.

구조대는 건물 전면의 유리창을 도끼로 깨고 들어왔다. 청취자들에게 이번에는 사람들이 웅성거리고 유리창이 깨지는 소리가 들렸을 것이다. 그리하여 갈수록 궁금증은 커졌으리라. 소방대원과 구조대원들이 내게 소리쳤다.

"무슨 일이에요? 다친 데 없어요?"

부스스 잠에서 깬 나는 주변을 둘러보았다. 온통 야단법석이고 여기저기 유리 조각 천지가 된 것을 보고는 나는 그저 '어?' 했을 뿐이다.

다음 날 아침 나는 사장실로 불려갔다. 사장은 프랭크 카첸타인이었다. 대령으로 예편한 사람이라서 우리는 그를 대령님이라고 불렀다. 그는 우선 내게 해고를 통고했다. 그다음에 잠시 뜸을 들이더니 이렇게 말했다.

"나는 자네를 좋아해. 자네는 재능이 많거든. 설명할 수 있겠나? 내가 자네를 해고해서는 안 될 이유가 있으면 말해보게."

나는 되물었다.

"대령님, 제가 어제 왜 그랬는지 아십니까?"

"아니, 모르겠네."

"마이애미 소방대와 구조대가 긴급 사태에 얼마나 빨리 출동하는지를 시험해본 겁니다."

그는 해고를 취소했다. 하지만 유리창 값은 내가 지불해야만 했다.

말을 아무리 잘하는 사람, 협상을 아무리 잘하는 사람, 자기 분야에서 최고봉에 오른 사람이라도 실수는 다 한다. 야구 통계를 낼 때에는 처음부터 한 칸을 따로 떼어 실책의 횟수를 기록하기까지 한다. 그러니 실수를 했다고 해서 당황할 필요는 없다. 옛날부터 이런 말도 있지 않은가?

'실수를 두려워하는 사람은 아무 일도 이루지 못한다.'

실수는 빨리 잊어버릴수록 좋다

말하면서 실수는 누구나 한다. 그러나 그 실수를 돌이켜 생각하고 다시 그 말이 튀어 나올까봐 걱정하지 말고, 그 실수가 없었던 듯 계속 나아가야 한다. 다시 그럴까봐 걱정하면 틀림없이 또 그렇게 된다. 실수를 두려워하는 사람은 아무 일도 이루지 못한다.

최악의 상황에서는 임기응변 또는 솔직함이 무기다

예기치 못한 최악의 상황 속에서 이야기를 해야 할 때는 그 상황을 벗어날 수 있는 적절한 임기응변 능력이 필요하다. 만약 그것마저도 힘들다면 상대방에게 솔직하게 양해를 구하고 성의껏 대안을 마련하는 모습을 보여야 한다.

초대하고 싶은 게스트의 4가지 조건

1. 자신의 일에 열정이 있다.
2. 분명하고도 흥미 있게 이야기할 수 있고, 그럼으로써 그 일에 관하여 좀 더 알고 싶어지게 만든다.
3. 무언가에 약간 화가 나 있는 듯한 절박함이 있다.
4. 자신에 관한 농담도 즐길 수 있는 여유와 유머 감각이 있다.

당신의 말하기는 달라야 한다

이 책을 시작하면서 누구나 말하기의 기술을 배울 수 있고, 이 책이 거기에 도움이 될 거라고 한 바 있었다. 이제 책을 끝내는 시점에서 생각하니 그 점에 대해 더욱 분명한 확신이 생긴다.

그것을 어떻게 알 수 있느냐고? 나 자신이 벌써 많은 도움을 받았기 때문이다. 늘 바쁘게 살다보면 깜박 잊게 되는 생각과 기법들이 이 책을 쓰면서 다시 되살아났다.

〈워싱턴 포스트〉의 셜리 포비치는 자신의 신념을 지킴으로써 미국에서 가장 존경받는 언론인 가운데 한 사람이다. 그의 신념이란 '더 이상 잘 쓸 수 없을 정도로 잘 쓴 글이란 이 세상에 없다.'는 것이다.

그의 이런 신념은 '말'에도 그대로 적용된다. 어떻게 말하는 것이 좋은가에 대해 우리가 아무리 잘 알고 있더라도 향상의 여지는 아직도 있다. 현 상태에서 좀 더 발전할 수 있다면, 그만큼 자신감을 얻을 수 있으며 그것은 곧바로 사회에서의 성공으로 연결된다. 나처럼 오랫동안 말을 생업으로 살아온 사람 역시, 그러한 기술들을 계속해서 훈련해야 할 여지가 남아 있고 또 실제로 연습을 계속해야 한다.

나에게 대화는 인생의 커다란 즐거움 가운데 하나고 내가 언제나 사랑해온 일이다. 나는 브루클린에서 보냈던 어린 시절을 생각할 때마다 베이파크웨이 86번가 모퉁이에 서서 지나가는 자동차들의 특징을 중계하던 일이 떠오른다. 그때 나는 일곱 살이었고 친구들은 나를 '떠벌이'라고 불렀다. 그때부터 지금까지 말을 하고 있고, 내 별명도 여전히 '떠벌이'다.

그 시절 절친한 친구였고 지금도 최고의 친구로 남아 있는 베스트셀러 저자이자 세계적인 협상가인 허브 코헨은 내가 에벳 구장의 다저스 팀을 어떻게 응원했었는지 사람들에게 이야기하곤 한다. 나는 외야석에 홀로 앉아, 나만의 기록 카드를 뒤적이며 그 시합을 '중계방송'했다. 그러곤 집으로 돌아와서 친구들에게 그 시합에 관한 모든 것을 다시 중계해주곤 했었다. 허브는 지금도 사람들에게 "래리가 에벳 구장에 갔을 때, 그 시합이 2시간 10분 동안 계속되었다면, 그가 우리들에게 중계한 시간도 2시간 10분이었다."고 말한다.

내가 말을 더 잘하기 위해 계속 연습하겠다는 얘기를 허브 코헨이 듣는다면, 그도 약간 걱정이 앞설지 모른다. 왜냐하면 지난 60년 동안 줄곧 내 이야기를 들어왔으니 말이다. 하지만 그도 내게 감사할 일이 한 가지는 있다. 야구 경기를 관람한 다음 그 실황을 예전처럼 그대로 전하는 일은 더 이상 하지 않기 때문이다. 요즘 야구 경기는 3시간 이상 걸린다.

이 책을 읽은 만큼 이제 당신의 말하기는 달라져야 한다. 성공적인 인생을 위한 가장 기본적인 요소인 말을, 제대로 배우고 계속해서 연습하자. 그 과정 속에서 이 책이 도움이 된다면 더 바랄 것이 없겠다.

대화의 신

토크계의 전설 래리 킹에게 배우는 말하기의 모든 것

초판 1쇄 발행 2015년 1월 27일 초판 63쇄 발행 2023년 3월 28일

지은이 래리 킹
옮긴이 강서일
펴낸이 이승현

출판2 본부장 박태근
W&G 팀장 류혜정

펴낸곳 ㈜위즈덤하우스 출판등록 2000년 5월 23일 제13-1071호
주소 서울특별시 마포구 양화로 19 합정오피스빌딩 17층
전화 02) 2179-5600 홈페이지 www.wisdomhouse.co.kr

ISBN 978-89-6086-768-0 13320